Ciberseguridad para usuarios. IFCT135PO

Antonio Luis Cardador Cabello

ic editorial

Ciberseguridad para usuarios. IFCT135PO
© Antonio Luis Cardador Cabello

1ª Edición

© IC Editorial, 2024

Editado por: IC Editorial
c/ Cueva de Viera, 2, Local 3
Centro Negocios CADI
29200 Antequera (Málaga)
Teléfono: 952 70 60 04
Fax: 952 84 55 03
Correo electrónico: iceditorial@iceditorial.com
Internet: www.iceditorial.com

ISBN: 978-84-1184-460-4
Depósito Legal: MA 2631-2024

Impresión: PODiPrint
Impreso en Andalucía - España

Nota de la editorial: IC Editorial pertenece a Innovación y Cualificación S. L.

Especialidad formativa

Se entiende por especialidad formativa la agrupación de contenidos, competencias profesionales y especificaciones técnicas que responde a un conjunto de actividades de trabajo enmarcadas en una fase del proceso de producción y con funciones afines.

Las especialidades formativas de Uso General, Formación Complementaria, Formación Modular y las especialidades formativas dirigidas a la obtención de certificados de profesionalidad se incluyen en el Fichero de Especialidades del Servicio Público de Empleo Estatal para su gestión en todo el territorio nacional por cualquier Administración competente.

Las especialidades complementarias, pertenecen todas a la Familia profesional de Formación Complementaria (FCO) y tienen la consideración de formación transversal en áreas que se consideran prioritarias tanto en el marco de la Estrategia Europea para el Empleo y del Sistema Nacional de Empleo como en las directrices establecidas por la Unión Europea. Se consideran áreas prioritarias las relativas a tecnologías de la información y la comunicación, la prevención de riesgos laborales, la sensibilización en medio ambiente, la promoción de la igualdad, la orientación profesional y aquellas otras que se establezcan por la Administración competente.

Las especialidades de Certificado de profesionalidad tienen una duración especificada en su normativa reguladora.

En el resultado de la búsqueda, se muestran las unidades de competencia, todos los módulos formativos con su duración y las unidades formativas del certificado correspondiente, con su duración. Las horas del certificado, exclusivo de las especialidades de certificado de profesionalidad, con alta igual o superior a 2008, son las horas totales más las horas del módulo de Prácticas Profesionales no Laborales.

➲ **Si la especialidad tiene unidades formativas,** las horas totales, presencial, distancia, teleformación serán igual a la suma de esas horas de las unidades formativas de los distintos módulos, sin que se repita ninguna Unidad formativa.

➲ **Si la especialidad no tiene unidades formativas,** las horas totales, presencial, distancia, teleformación serán igual a las sumas de esas horas de los módulos formativos, eliminando las horas de los módulos repetidos.

https://sede.sepe.gob.es/especialidadesformativas/RXBuscadorEFRED/BusquedaEspecialidades.do

(Fuente: Servicio Público de Empleo Estatal)

Índice

Unidad de Aprendizaje 4
Seguridad en redes inalámbricas

Unidad de Aprendizaje 5
Herramientas de seguridad

OBJETIVO GENERAL

El objetivo general del **IFCT135PO. Ciberseguridad para usuarios,** es el siguiente:

➲ Valorar la necesidad de la gestión de la seguridad en las organizaciones. Conocer las principales amenazas a los sistemas de información e identificar las principales herramientas de seguridad y su aplicación en cada caso.

Introducción a la seguridad en sistemas de información

Contenido

Objetivos

El objetivo general de esta Unidad de Aprendizaje es:

→ Identificar el concepto de seguridad en equipos o sistemas informáticos, conocer su clasificación y sus requerimientos asociados.

El objetivo específico de esta Unidad de Aprendizaje es:

→ Identificar conceptos de seguridad en sistemas informáticos.

1. Introducción

Internet a día de hoy es una red pública y abierta de la que todos hacemos uso para obtener cualquier tipo de información un día cualquiera a una determinada hora. Es debido a este concepto de pública y abierta por lo que la información que viaja o transmitimos por la red necesita de unos mecanismos de seguridad para que no sea alterada o manipulada durante su viaje por la red de internet.

La seguridad informática contempla un conjunto de herramientas y de medidas a tener en cuenta para poder dar solución a la situación anterior, garantizando así la información que viaja por la red, de tal forma que si es capturada por terceros su manipulación sea lo más complicada posible.

Durante el desarrollo de esta unidad abordaremos aspectos tales como los principales conceptos a tener en cuenta cuando hablamos de seguridad en los sistemas informáticos, los tipos de seguridad informática que tenemos actualmente, los requerimientos de seguridad que deben de tener los sistemas de información, así como: sus principales características, su confidencialidad, su integridad, la disponibilidad junto con otras características y tipos de ataques.

Para ello, nos centraremos en el caso de CiberLinkNet, S. L., una empresa dedicada a dar soporte sobre seguridad informática tanto a empresas como usuarios, análisis web, posicionamiento y auditorías wifi que cuenta ya con más de 10 años de experiencia en el sector. Además, con el auge de servicios en la nube, la seguridad de los datos y aplicaciones en estos entornos se ha vuelto fundamental.

2. Conceptos de seguridad en los sistemas

☞ HILO CONDUCTOR

CiberLinkNet, S. L., tiene un concepto muy peculiar sobre internet: imagina una gran avenida en la que los edificios están construidos íntegramente con cristal transparente, de tal forma que cualquier persona desde la calle, a cualquier hora y cualquier día, puede ver lo que pasa en cualquier edificio. Cuando se lo explican así a sus clientes rápidamente comprenden cómo estamos expuestos en internet si no tomamos la seguridad necesaria.

La **seguridad informática** es un conjunto de mecanismos de prevención y detección de los usos y accesos no autorizados de uno o varios sistemas informáticos cualquiera, sin importar si se conectan a la red de redes o no. Además, implica también la protección contra aquellos intrusos con intenciones maliciosas o con el fin de obtener beneficios gracias a nosotros.

La seguridad informática detalla una serie de medidas *software* que podemos tener en cuenta e implementar en nuestros equipos informáticos, como pueden ser: antivirus, *firewall* y otras medidas (estas últimas dependen directamente de que el usuario las active o las use, como puede ser por ejemplo el uso de *scripts* por parte de Java o ActiveX).

Los **cuatro pilares fundamentales** sobre los que se basa la **seguridad informática** son los siguientes:

> **Confidencialidad**
> - Solo los usuarios autorizados pueden acceder a la información de nuestro recurso informático, datos e información.

> **Integridad**
> - Solo los usuarios autorizados tienen acceso a la modificación de datos cuando les sea necesario.

> **Disponibilidad**
> - Los datos siempre deben de estar disponibles para un usuario cuando este los requiera (otra cosa bien distinta es que tenga acceso o no a dichos datos).

> **Autentificación**
> - Se trata de un proceso mediante el cual se nos garantiza que realmente estamos comunicándonos con quien dice ser la otra parte y no con terceros de desconfianza.

Las **medidas de seguridad** que podemos adoptar como usuarios de un sistema informático son las siguientes:

Asegurarnos de que instalamos el *software* legítimo que nos ofrecen las empresas y no otro cualesquiera, dado que lo normal es que si hacemos uso del *software* que no ha sido diseñado por esa empresa encontremos alojados en él troyanos y virus.

Usar un antivirus correctamente actualizado y mantenido al día.

Usar un sistema de cortafuegos *(firewall)* tanto a nivel *hardware* como a nivel software, así evitamos el acceso a usuarios no autorizados a nuestro equipo.

Crear contraseñas complejas y grandes que consten además de caracteres especiales (aparte de las letras, números y símbolos alfanuméricos).

Ser cuidadosos en la ingeniería social, las redes sociales son un entorno propicio para la fuga de datos o el robo de los mismos.

Usar sistemas criptográficos con el fin de que la información se convierta en sensible, segura y secreta cuando viaja por una red como internet que es pública y abierta.

NOTA

La seguridad informática no garantiza que suframos pérdida o robo de datos, pero sí al menos previene y detecta posibles ataques o robos de datos (cuentas bancarias, contraseñas, documentación laboral).

TAREA 1

Juan es el dueño de un desarrollo *online* y últimamente está muy preocupado por la seguridad de sus usuarios, dado que usan el desarrollo para almacenar información personal, de seguridad y de sus empresas. Juan ha llevado a cabo una serie de medidas como son adquirir un *software* antivirus, implementar *proxys* de seguridad e instalar sistemas SAI.

Ayuda a Juan explicándole más medidas de seguridad que puede adoptar al respecto para evitar posibles problemas o amenazas en su servidor.

---

3. Clasificación de las medidas de seguridad

☞ HILO CONDUCTOR

CiberLinkNet, S. L., cuando un cliente les pregunta sobre qué medidas de seguridad tomar, intenta de hora primera que sus clientes puedan diferenciar entre seguridad física y lógica, activa y pasiva y seguridad de *hardware*, *software* y de red. En función de eso se tomarán unas medidas u otras para garantizar la seguridad.

Podemos clasificar las medidas de seguridad informáticas desde tres puntos de vista principales:

- **Seguridad física y lógica.** La seguridad física protege los datos de los sistemas informáticos ante posibles desastres naturales (incendios, terremotos, inundaciones...) así también como de las posibles amenazas de robo de datos, problemas eléctricos generados... La seguridad lógica tiene por misión proteger al *software* que se encuentra instalado en los equipos informáticos, usando para ello antivirus, encriptaciones, así como mecanismos de protección y privacidad.
- **Seguridad activa y pasiva.** La **seguridad activa** previene o evita los daños a los equipos informáticos (tanto de la parte de *hardware* como de la parte de *software*). El antivirus, el control de acceso a un servidor, encriptar información, los sistemas de redundancia *hardware*... son claros

ejemplos de procesos que pertenecen a la seguridad activa. La **seguridad pasiva** entra en funcionamiento cuando las medidas que se han tomado en la seguridad activa no han surtido el efecto esperado. Por ejemplo, realizar una copia de seguridad es un proceso de seguridad activa, pero si sufrimos la pérdida de esa información y la restauramos de la copia de seguridad, es un proceso de la seguridad pasiva (lo ideal es no tener que restaurar los datos, pero si por ejemplo se rompe el disco duro del equipo no tenemos otro medio posible).

➲ **Seguridad de *hardware, software* y redes.** La seguridad de *software* es aquella cuya misión es proteger cualquier *software* que haya instalado en un equipo de posibles amenazas. La seguridad de *hardware* es cuando tomamos una serie de medidas o normas con el fin de proteger los elementos físicos que componen a un dispositivo informático de posibles daños en ellos, por ejemplo, podemos usar un SAI para que cuando se vaya la luz el disco duro no sufra arañazos en sus pistas o sectores y evitar así la pérdida de información.
Por último, la seguridad de red son los mecanismos necesarios para la protección de la red, bien doméstica o de una empresa de cualquier tipo de ataque o amenaza.

Es fundamental considerar nuevas áreas de seguridad que han surgido debido a los avances tecnológicos y la evolución de las amenazas cibernéticas. La integración de estas nuevas medidas asegura una protección más completa y efectiva de los sistemas de información. Destacan varios campos:

➲ Seguridad en la nube: abarca la protección de datos y aplicaciones en entornos de nube pública, privada e híbrida, incluyendo el uso de cifrado, gestión de accesos y auditorías. El cifrado asegura que los datos estén encriptados durante el tránsito y en reposo para protegerlos de accesos no autorizados. Por otro lado, la gestión de accesos permite implementar políticas de control estrictas utilizando tecnologías de IAM para asegurar que solo los usuarios autorizados puedan acceder a los datos y aplicaciones. Por último, las auditorías regulares de seguridad permiten controlar el uso de datos para detectar y responder a actividades sospechosas.

➲ Sistemas de Detección y Respuesta Extendida (XDR): ofrecen una visibilidad y respuesta más completa a amenazas avanzadas combinando múltiples capas de seguridad. XDR integra datos de diferentes fuentes, como redes, endpoints y servidores, para proporcionar una visión holística y mejorar la detección de amenazas y la capacidad de respuesta.

➲ Arquitectura de Confianza Cero (Zero Trust): se centra en la verificación continua de la identidad y el acceso, sin asumir que los usuarios dentro de la red son de confianza automáticamente. Este enfoque requiere la verificación de cada acceso a los recursos de la red, reduciendo significativamente el riesgo de acceso no autorizado y movimientos laterales de atacantes dentro de la red.

⊃ Inteligencia artificial y machine learning en seguridad: la inteligencia artificial (IA) y el machine learning están transformando la ciberseguridad al proporcionar herramientas avanzadas para la detección y respuesta a amenazas. Estas tecnologías pueden detectar anomalías (identificando comportamientos anómalos que podrían indicar una brecha de seguridad) y automatizar respuestas a incidentes para contener y mitigar ataques en tiempo real, mejorando la eficiencia y efectividad de la seguridad.

APLICACIÓN PRÁCTICA

La empresa para la que trabajamos ha decidido implementar en todos los departamentos sistemas SAI con el fin de que si en un momento dado nos quedamos sin suministro eléctrico, los empleados puedan atender a los clientes gracias a la energía acumulada en dichos SAI. Este tipo de seguridad es:

a. Seguridad física.
b. Seguridad lógica.
c. Seguridad activa.
d. Seguridad pasiva.
e. Seguridad de *hardware*.

Solución

Cuando sufrimos un corte en el suministro eléctrico, los dispositivos informáticos no tienen forma de detectarlo y bruscamente finalizan su trabajo. En el caso de un disco duro, los cabezales pueden caer directamente sobre el plato dañando las pistas y sectores que lo componen y, por lo tanto, perdiendo la información contenida en él. El uso de sistemas SAI para no interrumpir el suministro eléctrico se considera seguridad de *hardware*.

4. Requerimientos de seguridad en los sistemas de información

☞ HILO CONDUCTOR

En CiberLinkNet, S. L., tienen claro que para que un sistema de información cumpla los requisitos en cuanto a seguridad, debe ofrecer: confidencialidad, disponibilidad, integridad y no repudio. En caso de no ofrecer estos servicios, no estaría cumpliendo con la seguridad pertinente.

- -

Los **requerimientos de seguridad informática** actuales se basan en cuatro pilares fundamentales, que son:

Integridad

Confidencialidad

Disponibilidad

No repudio

4.1. Principales características

Cuando hablamos de **seguridad informática** nos referimos a la protección que brindamos a los recursos de los cuales se compone el sistema informático (tarjetas de red, discos duros, memoria, placa base...) además de los programas que usa dicho sistema informático. Esto también incluye la seguridad de los datos y aplicaciones en la nube, donde las prácticas de gestión de accesos y auditorías de seguridad son esenciales.

 **RECUERDA**

Para que un sistema informático pueda ser considerado mínimamente seguro, debe de cumplir con los siguientes principios tal y como vimos anteriormente: integridad, confidencialidad, disponibilidad y no repudio.

4.2. Confidencialidad

La **confidencialidad** es el proceso mediante el cual podemos garantizar que la información o datos que hay almacenados en un sistema informático, o que viajen por una determinada red, únicamente están disponibles o sean accesibles para las personas autorizadas a dicha información o datos.

 EJEMPLO

Si los datos son recibidos por terceras personas (sin importar cómo los obtengan), estos no podrán acceder a la información gracias a otras medidas de seguridad que se toman al respecto.

 PARA SABER MÁS

Puedes consultar el siguiente enlace en el cual se explica cómo *Microsoft* usa un método de cifrado EFS para obtener confidencialidad en sus archivos:

Continúa en página siguiente >>

<< Viene de página anterior

https://redirectoronline.com/ifct135po0101

4.3. Integridad

Definimos la **integridad** como la garantía de que los datos o información de un determinado equipo o dispositivo informático no han sido modificados o alterados desde su creación sin una autorización correspondiente, de esta forma podemos asegurar que la información que se dispone en un equipo informático es totalmente válida y consistente. Con esto tratamos de evitar que quien no tenga acceso autorizado a los datos los capture y los modifique a su antojo.

 **EJEMPLO**

Piensa en tus datos bancarios cuando viajan por un medio abierto y público como internet. Por un momento, has pensado que los datos tienen que viajar desde el ordenador que usas, para realizar la compra *online* por ejemplo, hasta el ordenador servidor donde está el producto. Si durante ese viaje alguien interceptara nuestros datos y pudiera modificarlos (imagina que nos atrapan los datos bancarios y modifican el nombre pero no el número de tarjeta), y no tuviéramos el concepto de integridad, no podríamos detectar esta situación. Por eso es siempre importante tomar las medidas de seguridad recomendadas en cada escenario informático.

 **PARA SABER MÁS**

Puedes acceder al siguiente enlace creado por ISACA en el cual se trata la integridad de los datos y la seguridad de la información:

https://redirectoronline.com/ifct135po0102

4.4. Disponibilidad

Definimos la **disponibilidad** como la capacidad de garantía de que tanto el equipo o sistema informático como los datos o información que contiene o aloja están disponibles en cualquier momento para el usuario.

 **EJEMPLO**

Imagina que nos apuntamos a un curso *online* para aprender a programar en Visual Studio, debemos garantizar el acceso al servidor para poder realizar el curso cuando queramos y no que tenga que ser al contrario, es decir, estar nosotros pendientes de cuándo el servidor está en línea para poder acceder al curso. La disponibilidad es un factor clave, dado que no puede suceder que un servidor que da un determinado servicio en internet o red de redes esté más tiempo caído que funcionando, dado que los usuarios de dicho servidor terminarán migrando a un servidor igual o parecido.

La seguridad de la información está íntimamente ligada con la confidencialidad, la disponibilidad y la integridad de los datos o información

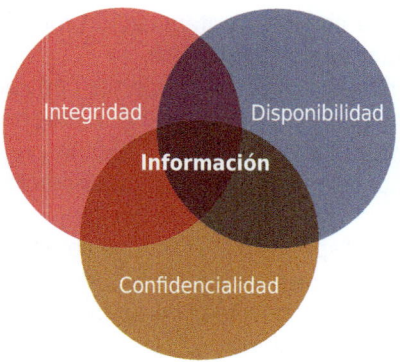

Fuente(https://infosegur.wordpress.com/tag/disponibilidad/).

4.5. Otras características

Asociados a todos los conceptos anteriores aparece el término o concepto de **no repudio,** que trata de garantizar la participación de las partes de una comunicación cualesquiera. El no repudio es un servicio vital de las transacciones *online* para las dos partes, tanto para la parte del cliente o usuario como para la parte de empresa u organización. Cuando se produce un proceso de comunicación siempre intervienen las partes, emisor y receptor, con lo cual podemos tener dos tipos de no repudio:

No repudio en origen	No repudio en destino
- Se trata ante todo de garantizar que la persona que procede a enviar el mensaje (emisor) no pueda negar de él mismo, dado que el receptor tendrá la información o datos que le ha enviado.	- De lo que se trata es de garantizar que la persona que recibe el mensaje, datos o información (receptor) no pueda decir que no recibió dicho mensaje, datos o información.

Estos cuatro pilares son esenciales para garantizar la seguridad de la información en cualquier organización. No obstante, con el avance de la tecnología y el aumento de las amenazas cibernéticas, es importante considerar también otros aspectos complementarios de la seguridad informática que contribuyen a una protección más robusta y efectiva.

- Gestión de Identidades y Accesos (IAM): ayuda a controlar el acceso a los recursos de información asegurando que solo los usuarios autorizados puedan acceder a la información. La implementación de IAM incluye políticas de acceso y autenticación multifactorial, lo que reduce el riesgo de accesos no autorizados.
- Resiliencia cibernética: se centra en la capacidad de una organización para responder y recuperarse de incidentes de seguridad, manteniendo la continuidad operativa. Esto incluye la preparación ante incidentes, la capacidad de mitigación y la recuperación rápida de los sistemas afectados.
- Seguridad en dispositivos IoT: la proliferación de dispositivos IoT presenta nuevos desafíos de seguridad, lo que implica implementar medidas de seguridad específicas como la autentificación y la autorización (para garantizar que solo los dispositivos autenticados puedan acceder a la red), las actualizaciones de seguridad (para mantener todos los dispositivos actualizados con los últimos parches de seguridad), y la segmentación de red y el uso de *firewalls* para aislar los dispositivos IoT y limitar el impacto de posibles brechas de seguridad, conteniendo los incidentes y evitando su propagación a otros dispositivos o sistemas.

4.6. Tipos de ataques

Algunos de los ataques más importantes que en seguridad informática podemos sufrir en nuestros equipos o dispositivos son:

- **Malware.** Se refiere a cualquier *software* de tipo maligno cuya finalidad es la de colarse en el sistema informático para dañarlo.
- **Virus.** Son códigos informáticos que dañan e infectan los archivos que se encuentran en el equipo.
- **Gusanos.** Son programas que una vez que infectan nuestros equipos se hacen copias de sí mismos y se difunden por la red.
- **Troyanos.** Es muy parecido al virus, pero la finalidad de un troyano es la de abrir una puerta trasera para permitir el acceso de otros por tal puerta.
- **Spyware.** Programas espías cuya finalidad es la obtención de información o datos. Suelen ser bastante silenciosos y pasar totalmente inadvertidos para nosotros.
- **Adware.** Su objetivo primordial es enseñar publicidad, no llevan intención maligna pero en algunos casos pueden considerarse un tipo de *spyware*.
- **Ransomware.** Es un *malware* que tiene por fin el secuestro de los datos de un equipo mediante una encriptación de los mismos para después pedir un desembolso económico por los datos robados.

- **Phishing.** No es un programa, sino un tipo de ataque que usa mecanismos de suplantación de identidad para obtener datos de las víctimas, como las contraseñas o datos bancarios. Suele estar muy unido al uso de correo electrónico.
- **DDoS.** Consiste en realizar cientos de miles de peticiones a un determinado servidor con el fin de que este llegue a bloquearse o saturarse.

 ACTIVIDAD COMPLEMENTARIA

1. Localiza los dos ataques DDoS más grandes que se hayan dado en la historia de la informática.

5. Resumen

La seguridad informática es un conjunto de mecanismos de prevención y detección de los usos y accesos no autorizados de uno o varios sistemas informáticos cualquiera, sin importar si se conectan a la red de redes o no. Además, implica también la protección contra aquellos intrusos con intenciones maliciosas o con el fin de obtener beneficios gracias a nosotros. Los cuatro pilares fundamentales sobre los que se basa la seguridad informática son los siguientes:

Podemos clasificar las medidas de seguridad informáticas desde tres puntos de vista:

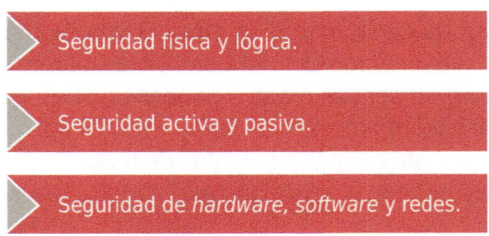

Recuerda que asociado al concepto de seguridad informática aparecen los siguientes conceptos cuando hablamos de información:

**Conceptos asociados a la
información o datos informáticos**

*Fuente (http://recursostic.educacion.es/observatorio/web/es/component/
content/article/1040-introduccion-a-la-seguridad-informatica?start=1)*

Definimos el *no repudio* como la garantía de participación de las partes de una comunicación cualquiera. El no repudio es un servicio vital para las transacciones *online* para las dos partes, tanto para la parte del cliente o usuario como para la parte de la empresa u organización.

La Gestión de Identidades y Accesos (IAM) ayuda a asegurar que solo los usuarios autorizados puedan acceder a los recursos de información, mientras que la Resiliencia Cibernética se enfoca en la capacidad de una organización para recuperarse rápidamente de incidentes de seguridad. Asimismo, la seguridad en dispositivos IoT y en la nube, junto con tecnologías avanzadas como los Sistemas de Detección y Respuesta Extendida (XDR) y la Arquitectura de Confianza Cero (Zero Trust), proporcionan una protección integral frente a las amenazas modernas.

Ejercicios de autoevaluación
Unidad de Aprendizaje 1

1. Señala la medida que no se considera de seguridad:

    a. Instalar *software legal*.
    b. Usar criptografía.
    c. Ser cuidadosos con la ingeniería social.
    d. No usar sistema de cortafuegos.

2. Determina si la siguiente oración es verdadera o falsa: "La seguridad informática se fundamenta en tres pilares básicos".

    ■ Verdadero
    ■ Falso

3. Indica cuál de los siguientes no es un pilar básico en la seguridad informática:

    a. Autentificación
    b. Disponibilidad
    c. Negociación
    d. Integridad

4. ¿Cuál de los siguientes enunciados no puede clasificarse dentro de las medidas de seguridad informática?

    a. Crear contraseñas complejas y grandes.
    b. Ser cuidadosos con la ingeniería social.
    c. Usar criptografía.
    d. Enviar la documentación sin cifrar.

5. Determina si la siguiente oración es verdadera o falsa: "Las medidas de seguridad informática se pueden clasificar desde tres puntos de vista".

    ■ Verdadero
    ■ Falso

6. **Señala cuál de los siguientes no es considerado como un ataque:**

    a. *Adware*
    b. Virus
    c. Antivirus
    d. *Malware*

7. **La capacidad de garantizar que los datos o información no han sido modificados desde su creación sin una autorización correspondiente, se denomina...**

    a. ... confidencialidad.
    b. ... integridad.
    c. ... compatibilidad.
    d. ... no repudio.

8. **El no repudio puede darse en...**

    a. ... origen.
    b. ... destino.
    c. ... origen y destino.
    d. Todas las opciones son incorrectas.

9. **"Se trata de garantizar que la persona que recibe el mensaje, datos o información, no pueda decir que no recibió dicho mensaje". Hablamos de:**

    a. Disponibilidad.
    b. Confidencialidad.
    c. Repudio en origen.
    d. No repudio en destino.

10. Indica al menos 3 tipos de ataques de entre los siguientes conceptos:

      a. Confidencialidad.
      b. Virus.
      c. Gusanos.
      d. Integridad.
      e. *Adware.*
      f. DDoS.
      g. No repudio.

Ciberseguridad

Contenido

Objetivos

El objetivo general de esta Unidad de Aprendizaje es:

→ Conocer el concepto de ciberseguridad, la tecnología asociada, gestión de la seguridad y las amenazas más frecuentes.

El objetivo específico de esta Unidad de Aprendizaje es:

→ Identificar las amenazas más frecuentes en los sistemas de información.

1. Introducción

La **seguridad informática** hace referencia a un concepto bastante amplio que abarca muchos posibles escenarios. Normalmente, se toman medidas de seguridad para vigilar los datos, evitar la pérdida de los mismos, evitar que se produzcan accesos no autorizados por parte de quien no debe... Al estar presente hoy en día en un entorno como internet es cuando más se debe apostar por desarrollar medidas de seguridad.

Durante el desarrollo de esta unidad nos centraremos en la ciberseguridad, las amenazas más frecuentes de los sistemas de información, las tecnologías de seguridad más habituales y la gestión de la seguridad informática.

Para ello, nos centraremos en el caso de CiberLinkNet, S. L., una empresa dedicada a dar soporte sobre seguridad informática tanto a empresas como usuarios, análisis web, posicionamiento y auditorias wifi, que cuenta ya con más de 10 años de experiencia en el sector.

2. Concepto de ciberseguridad

 **HILO CONDUCTOR**

CiberLinkNet, S. L., siempre aconseja a sus clientes que doten a sus dispositivos informáticos de la seguridad necesaria, tengan o no conexión a internet.

La **ciberseguridad** se define como un conjunto de herramientas, de políticas, de seguridad, directrices, métodos para la gestión de riesgos, acciones, formación y tecnologías que se usan fundamentalmente para proteger la información o datos de los equipos informáticos.

Por parte de **ISACA** (Asociación de Auditoría y Control sobre los Sistemas de Información) se define la ciberseguridad como: "la protección de activos de información a través del tratamiento de amenazas que ponen en riesgo la información que es procesada, almacenada y transportada por los sistemas de información interconectados".

DEFINICIÓN

Activo de la información
Conocimientos o datos que tienen valor para una organización así como los sistemas de información que engloban a las aplicaciones y servicios.

Cuanto mayor sea el nivel de ciberseguridad que adoptemos en nuestro entorno, menor será el riesgo implícito a sufrir.

 ## EJEMPLO

El 12 de mayo de 2017 se produjo una infección masiva a nivel mundial, afectando tanto a usuarios como a organizaciones o empresas; el causante fue un *malware (ransomware)* que bloqueaba los ficheros de los equipos informáticos para posteriormente pedir un rescate económico por liberarlos.

Es muy importante concienciar a las personas o usuarios de internet sobre los riesgos y las buenas prácticas a seguir en cuanto a la ciberseguridad: cómo usar los dispositivos y cómo usar los medios sociales. Internet ha dado un giro a la situación de ciberseguridad con el concepto de **globalidad** y, es por ello, que debemos asegurarnos las medidas adecuadas para proteger los activos de información.

La mayoría de los ciberataques actuales se centran en la ingeniería social, y el fin es el engaño del usuario para que se infecte su dispositivo informático y así poder obtener su información privada (contraseñas, datos personales, credenciales de acceso, imágenes, datos, vídeos...) con el fin de poder extorsionarlo más adelante.

 ## ACTIVIDAD COMPLEMENTARIA

2. Localiza información sobre el ataque ocurrido el 12 de mayo de 2017.

---

3. Amenazas más frecuentes en los sistemas de información

☞ HILO CONDUCTOR

En CiberLinkNet, S. L., organizan de vez en cuando ciertos seminarios con sus clientes para exponerles las amenazas y riesgos más frecuentes en internet, dado que internet es un medio en el cual las amenazas y riesgos surgen en muy poco tiempo.

Las amenazas más frecuentes que podemos encontrarnos las podemos clasificar desde los siguientes puntos de vista:

- **Por su origen.** A su vez, dentro de estas podemos establecer la siguiente clasificación:

  - **Interno.** Este tipo de amenazas suelen ser mucho más destructivas que las externas debido a que si es por personal técnico conocen la red y saben del funcionamiento que usa, dónde está la información y los datos de interés... Los sistemas de prevención de intrusos y *firewalls* no son efectivos con las amenazas internas.
  - **Externo.** Este tipo de amenazas son las que provienen de fuera de la red, y por lo tanto, no tienen información sobre ella, es decir, tienen que analizarla y buscar la manera de atacarla.

- **Por su efecto.** Este tipo de amenazas se clasifican según el efecto que causan en el atacante y pueden ser:

  - Robo de información.
  - Destrucción de información.
  - Anulación del funcionamiento de sistemas.
  - Suplantación de identidad.
  - Estafas.

- **Por el medio usado.** Este tipo de amenazas se clasifican en función a cómo se realiza el ataque por el atacante, y pueden ser:

  - Virus informáticos o *malware*.
  - *Phishing*.

〇 Ingeniería social.
〇 Denegación del servicio.
〇 *Spoofing.*

Además, cualquier sistema informático está expuesto a amenazas y ataques, sobre todo si tiene conexión con internet (red de redes). Veamos a continuación una clasificación de los tipos de ataques que podemos sufrir actualmente en nuestros sistemas informáticos:

◗ **Hackers.** Son considerados grandes expertos informáticos, los cuales llegan a descubrir vulnerabilidades en los sistemas informáticos, pero su fin no es obtener beneficio económico ni hacer el mal, es más la curiosidad informática lo que los lleva a este tipo de actuaciones.
◗ **Crackers.** Son idénticos a los anteriores, pero en este caso el fin de romper la seguridad de un sistema informático es tener una intención maliciosa hacia el mismo (bien dañarlo o bien obtener un fin económico del equipo al que atacan).
◗ **Phreakers.** Son saboteadores de las redes telefónicas y su fin es sabotearlas para obtener llamadas gratis y poder capturar otras conversaciones del resto de usuarios.
◗ **Sniffers.** Son considerados expertos en redes cuyo fin es el análisis del tráfico de la red para obtener la información que viaja por ella y poder así capturar los paquetes.
◗ **Lammers.** Gente joven que no dispone de grandes conocimientos informáticos, aunque se deberá tener cuidado con ellos.
◗ **Newbie.** Se considera con este nombre a los *hackers* que están aprendiendo.
◗ **Ciberterrorista.** Son considerados expertos informáticos que llevan a cabo intrusiones en las redes que trabajan para países u organizaciones, y cuyo fin es espiar y sabotear.
◗ **Programadores de virus.** Son considerados expertos programadores de redes y de sistemas, cuyo fin es crear *software* dañino que produce los efectos no deseados sobre los sistemas informáticos o aplicaciones que se instalan en los mismos.
◗ **Carders.** Son aquellos que se dedican al sabotaje de las tarjetas de todo tipo, de crédito, de débito, de identificación... para obtener los datos y poder suplantar la identidad del dueño de la tarjeta.

Además, en la actualidad, han aparecido otro tipo de amenazas como las siguientes:

◗ **Ransomware:** secuestra los datos del usuario hasta que se pague un rescate.

- **Ataques de DDoS (Denegación de Servicio Distribuido):** inundan un servicio en línea con tráfico para hacerlo inaccesible.
- **Ataques a la cadena de suministro:** comprometen a un proveedor para acceder a la red de la organización objetivo.
- **Exploits de día cero:** vulnerabilidades no conocidas previamente y sin parches disponibles.
- **Ataques a infraestructuras críticas:** afectan servicios esenciales como electricidad y agua.

Por otro lado, los tipos de atacantes también han evolucionado, incluyendo:

- **Hacktivistas:** atacan para promover causas políticas o sociales.
- **Ataques patrocinados por estados:** realizados por países para espionaje o sabotaje.
- **Cibercriminales organizados:** grupos que operan como empresas para obtener ganancias financieras.

De forma general, los **principales ataques** que puede sufrir un sistema informático son los siguientes:

Irrupción
- Se produce cuando un recurso del sistema o de la red deja de estar disponible porque ha sufrido un ataque, es decir, por medio del ataque se hace inaccesible este recurso.

Intercepción
- Se produce cuando uno o varios intrusos acceden a la información que hay almacenada en nuestros equipos o dispositivos informáticos, o bien a la información que enviamos o recibimos desde la red.

Modificación
- Se produce cuando la información es modificada sin la autorización correspondiente, llegando a clasificarse como no válida esta información modificada. Internet, al ser una red de redes, es el escenario más habitual para la modificación de la información.

Fabricación
- Normalmente se produce cuando se clona o se copia un objeto original a otro falso con el fin de que el usuario no sea capaz de detectar dicha falsificación y obtener la información confidencial del usuario.

Las amenazas que puede sufrir un sistema informático pueden clasificarse también en función a la naturaleza del atacante, es decir, cómo actúa. Podemos clasificarlos en:

- **Spoofing.** Consiste en la suplantación de la identidad de un sistema informático o de alguna característica del mismo, lo más común es su dirección MAC.
- **Sniffing.** Consiste en realizar un monitoreo y análisis del tráfico de la red para obtener información.
- **Conexión no autorizada.** El objetivo es localizar agujeros en la seguridad de un dispositivo informático, cuando es localizado dicho fallo de seguridad se realiza una conexión no autorizada al mismo dispositivo informático con el fin de obtener la información que hay almacenada en él.
- **Malware.** Es un *software* malintencionado que se instala en nuestro equipo con el fin de dañar al sistema de la forma que sea posible.
- **Keyloggers.** Mediante el uso de esta herramienta *software* podemos capturar todo lo que un usuario teclee en el teclado del dispositivo informático donde se encuentra alojado este *Keyloggers*. En sus versiones más modernas algunos realizan capturas de pantalla.
- **Denegación de servicio.** Más conocido como DoS o DDoS, consiste en interrumpir el transcurso o funcionamiento normal de un servidor o red de servidores o equipos informáticos, usando para este fin la saturación del mismo.
- **Ingeniería social.** Su finalidad es la de obtener información personal o de los organismos o empresas usando para ello técnicas como *phishing* y *spam*.
- **Phishing.** Su principal objetivo es engañar al usuario para poder obtener su información confidencial mediante la suplantación de la identidad de un organismo, empresa o página web de internet.

 TAREA 2

María ha creado un desarrollo *online* para su negocio de venta de zapatos personalizados, y para ello tiene pensado adquirir un servidor que le permita implementar su desarrollo en él y así manejar ella toda la información referente a su negocio *online*. Ayuda a María comentándole el tipo de ataques que puede recibir su servidor y por qué en este caso sería mejor optar por un servidor *online* en vez de propio.

4. Tecnologías de seguridad más habituales

☞ HILO CONDUCTOR

En CiberLinkNet, S. L., saben que si sus clientes tienen algún concepto sobre las tecnologías aplicadas en la seguridad es más fácil que puedan tomar ellos la iniciativa ante una posible amenaza que tengan sus equipos informáticos.

- -

Las tecnologías de seguridad más habituales son las que se describen a continuación.

4.1. *Hardware*

Dentro de la seguridad *hardware* se deben englobar aquellas acciones que se llevan a cabo para proteger los equipos informáticos de cualquier daño físico.

Cualquier componente que se integra en un dispositivo informático o bien controla el tráfico de una determinada red son posibles ejemplos de seguridad de *hardware*.

Seguramente has oído hablar de cortafuegos *(firewall)* y servidores *proxy*, que son los que más se utilizan a nivel *hardware*. No obstante, además de estos, existen otros dispositivos esenciales para la seguridad *hardware* como los sistemas de prevención y detección de intrusos (IPS/IDS) que monitorizan el tráfico de red y alertan o bloquean actividades sospechosas. Otro ejemplo es el uso de dispositivos de control de acceso físico (PAC), que aseguran que solo el personal autorizado pueda acceder a áreas sensibles donde se encuentran los equipos críticos. Los módulos de plataforma segura (TPM) y los módulos de seguridad de *hardware* (HSM) son también útiles para la protección de claves criptográficas y procesos de autenticación, asegurando que la información sensible esté protegida contra accesos no autorizados.

4.2. Software

La seguridad *software* se encarga de proteger a este último frente a posibles ataques maliciosos por parte de piratas, *hackers* y frente a otros riesgos, de tal forma que el *software* que tengas instalado y estés utilizando en los equipos informáticos pueda seguir usándose a pesar de estos riesgos.

La mayoría de los problemas de seguridad *software* derivan de errores de implementación, desbordamientos de búferes, técnicas erróneas de diseño, mala implementación del manejo de errores… de tal forma que los ciberdelincuentes aprovechan estas vulnerabilidades de *software* para atacar los equipos informáticos donde se encuentran instalados.

Además, si las aplicaciones *software* cuentan con conexión a internet se duplica exponencialmente el riesgo en la seguridad. En informática existe una rama llamada ingeniería del *software,* que es la encargada de estudiar y dar solución a estos problemas.

Aparte de las prácticas tradicionales, la seguridad del *software* actualmente también incluye el uso de DevSecOps, una práctica que integra la seguridad en cada fase del ciclo de vida del desarrollo del *software*. Otras tecnologías modernas incluyen el uso de análisis de código estático y dinámico para detectar vulnerabilidades en el código antes de su despliegue, así como la implementación de políticas de seguridad automatizadas y la utilización de contenedores y microservicios para aislar las aplicaciones y minimizar el impacto de posibles brechas de seguridad.

4.3. Redes

Mediante la programación de "actividades" diseñadas para la red puedes proteger su uso, fiabilidad, integridad, seguridad de red y datos. Una vez que una amenaza o riesgo se ha introducido en una red, todos los dispositivos conectados a esta (ordenadores de sobremesa, portátiles, *smartphones,* tabletas…) corren el riesgo de caer infectados y provocar un caos en la red. A día de hoy las amenazas que pueden encontrarse en la red son las siguientes:

- ⮌ Virus, gusanos y caballos de Troya.
- ⮌ *Software* de uso espía (espionaje) y publicitario.
- ⮌ Ataques de día cero (también conocidos como ataques de hora cero).
- ⮌ Ataques de *hackers*.

- Ataques de denegación de servicio (DoS, DDoS).
- Intercepción de datos o robo de los mismos.
- Robo de identidades (suplantación).

Los componentes de seguridad en redes más comunes son los siguientes:

- Antivirus.
- *Antispyware.*
- Cortafuegos (evitar accesos no autorizados).
- Sistema de prevención de intrusos (IPS).
- Redes Privadas Virtuales (VPN).

Además también es posible aplicar una clasificación de las tecnologías de seguridad en base a:

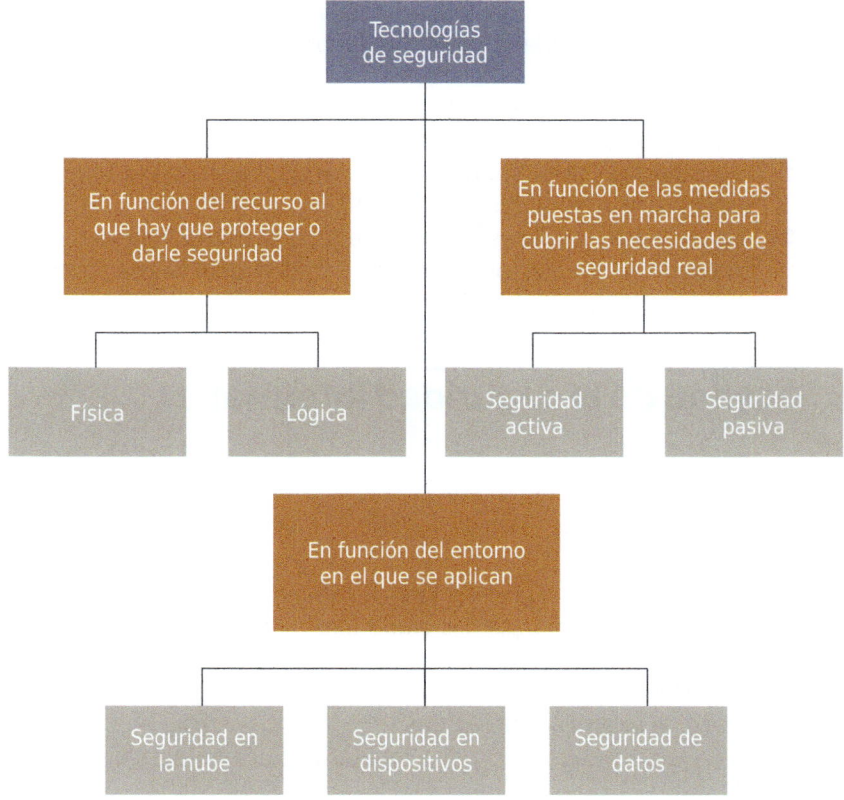

A continuación, vamos a detallar en qué consiste cada uno de estos tipos de seguridad:

- **Seguridad física:** la protección física consiste en dar protección a los recursos o elementos que hay disponibles ante desastres de tipo natural (incendios, terremotos, inundaciones, problemas radioactivos...) así como a amenazas del tipo: robo, problemas eléctricos...
- **Seguridad lógica:** la seguridad lógica no se centra tanto en el tema físico, sino más bien en todo lo contrario, en lo lógico, en el *software* o la información que un determinado equipo informático puede contener.
- **Seguridad activa:** este tipo de seguridad centra sus objetivos en prevenir o evitar los daños referentes a los sistemas o equipos informáticos, ya sea de *hardware* o bien de software o de red. Las medidas más habituales a tomar en la seguridad activa son los antivirus, los controles de acceso a servidores, encriptación de la información o datos, sistemas de redundancia *hardware*...
- **Seguridad pasiva:** la seguridad pasiva no es la parte contraria a la seguridad activa, sino más bien un complemento que se pone en marcha cuando la seguridad activa no ha cubierto sus objetivos, es decir, la seguridad activa sería prevenir o evitar; frente a la seguridad pasiva que sería dar la solución al problema generado. Por ejemplo, el mecanismo más común usado en la seguridad pasiva son las copias de seguridad con el fin de evitar la pérdida de información de los dispositivos informáticos.
- **Seguridad en la nube:** protege los datos y aplicaciones en entornos de nube pública, privada e híbrida.
- **Seguridad en dispositivos móviles e IoT:** garantiza la protección de dispositivos conectados a la red.
- **Seguridad de datos:** asegura la integridad, confidencialidad y disponibilidad de la información a través de cifrado y políticas de acceso.

5. Gestión de la seguridad informática

 HILO CONDUCTOR

En CiberLinkNet, S. L., cuando proponen una gestión de seguridad informática a una determinada empresa, los empleados de CiberLinkNet se hacen cargo de dicha gestión hasta que los empleados de la empresa contratante tengan los conocimientos o habilidades suficientes para encargarse de dicho sistema de gestión de seguridad informática.

La implantación de un **sistema de gestión de seguridad informática** (normalmente llevado a cabo en las empresas) garantiza a los usuarios que la información manipulada en él se lleva a cabo con la máxima seguridad posible. La gestión de la seguridad informática se lleva a cabo mediante los siguientes elementos:

Creación de políticas y mecanismos de seguridad	Buenas prácticas
- El primer paso de todos será delegar en una persona o grupo de personas la responsabilidad ante futuras amenazas. Serán ellos los encargados de establecer políticas y mecanismos de seguridad y protección.	- Para corroborar que todo está realizándose correctamente, de vez en cuando es conveniente revisar el estado y la seguridad de los datos de forma habitual con el fin de poder detectar errores o amenazas y tomar medidas frente a ellos.

 APLICACIÓN PRÁCTICA

Juan es un periodista autónomo que tiene un canal de noticias en internet y que constantemente está usando para compartir su información. Además de esto, Juan usa mucho internet para navegar y obtener información precisa, pero no cuenta con ningún elemento de seguridad. De los siguientes elementos indica el que mejor le conviene a Juan para su equipo.

a. Instalar un antivirus.
b. No usar internet en dicho equipo.
c. Seguir igual que lo hace hasta ahora.
d. Usar un equipo únicamente para navegar por internet.

Solución

Dado que navega mucho por internet es altamente recomendable que se instale un antivirus y así, al menos, estará mucho más protegido de los riesgos y amenazas que puede encontrarse cuando navegue por internet.

6. Resumen

La **ciberseguridad** se define como un conjunto de herramientas, de políticas de seguridad, directrices, métodos para la gestión de riesgos, acciones, formación y tecnologías que se usan fundamentalmente para proteger la información o datos de los equipos informáticos.

Por parte de **ISACA** (Asociación de Auditoría y Control sobre los Sistemas de Información), se define la ciberseguridad como: "la protección de activos de información a través del tratamiento de amenazas que ponen en riesgo la información que es procesada, almacenada y transportada por los sistemas de información interconectados".

Recuerda que las amenazas que puede sufrir un sistema informático se clasifican:

Una **clasificación de los tipos de ataques** que podemos sufrir actualmente en nuestros sistemas informáticos es la siguiente:

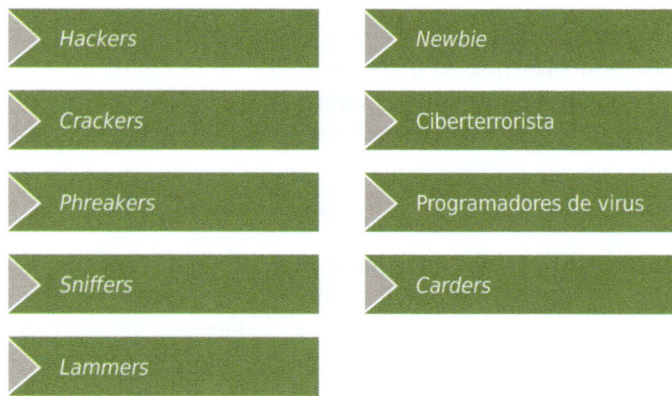

Las amenazas que puede sufrir un sistema informático pueden clasificarse también en función de cómo actúa el atacante. Podemos clasificarlos en:

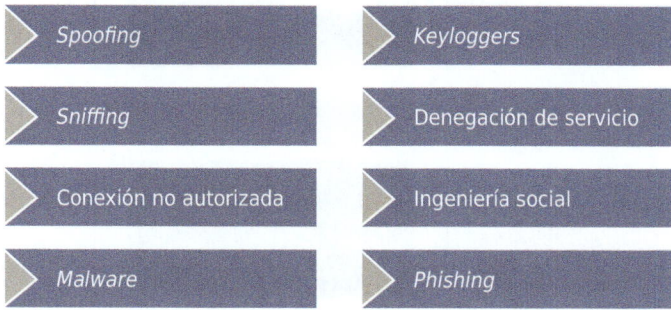

Las tecnologías de seguridad más habituales son las siguientes:

Además, también es posible aplicar una **clasificación de las tecnologías de seguridad** en base a:

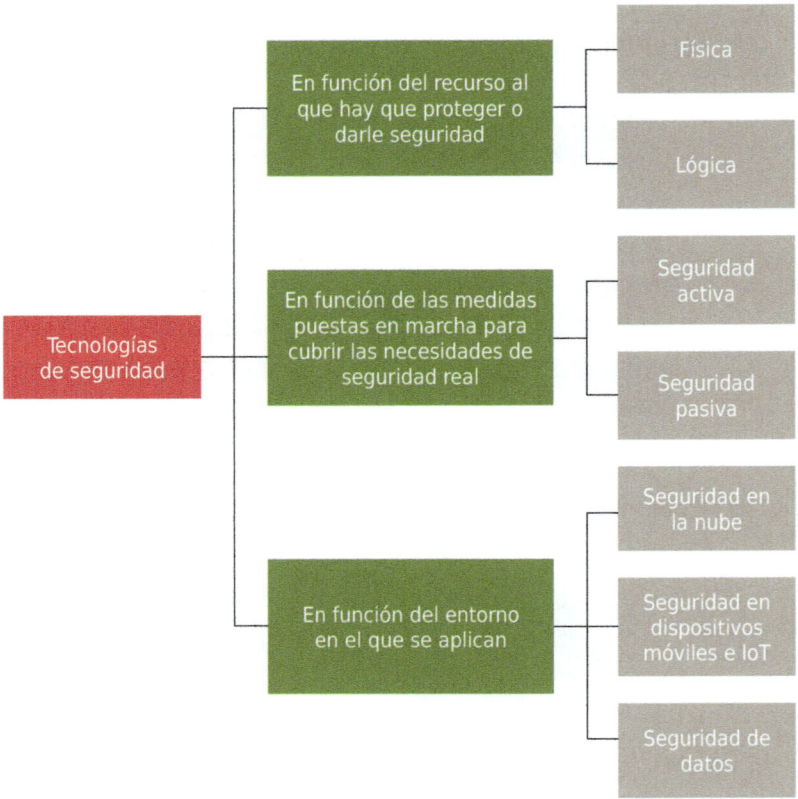

Recuerda que la **gestión de la Seguridad informática** lleva asociados los siguientes elementos:

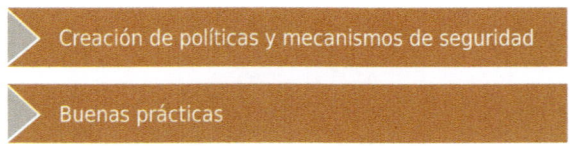

Ejercicios de autoevaluación
Unidad de Aprendizaje 2

1. La ciberseguridad...

    a. ... se usa para proteger la información o datos.
    b. ... se usa solamente para prevenir ataques.
    c. ... normalmente como usuarios no debemos tener en cuenta la ciberseguridad, únicamente las empresas lo contemplan.
    d. ... solo nos defiende de virus.

2. "Conocimientos o datos que tienen valor para una organización así como los sistemas de información que engloban a las aplicaciones y servicios", hablamos de:

    a. Ciberseguridad.
    b. Activos.
    c. Activos de información.
    d. Seguridad activa.

3. Determina si la siguiente oración es verdadera o falsa: "A mayor nivel de ciberseguridad menor será el riesgo a sufrir".

    ■ Verdadero
    ■ Falso

4. Indica cuál de los siguientes no se considera un tipo de ataque:

    a. *Sniffers.*
    b. *Crackers.*
    c. *Lammers.*
    d. *Crammers.*

5. Indica cuál de los siguientes no se corresponde con un tipo de ataque:

    a. Modificación.
    b. Intercepción.

c. Fabricación.

d. Realización.

6. **Indica cuál de las siguientes no se considera una amenaza:**

   a. *Spoofing.*

   b. *Sniffing.*

   c. *Hacking.*

   d. *Malware.*

7. **Indica cuál de las siguientes no es considerada una tecnología de seguridad:**

   a. *Hardware.*

   b. *Software.*

   c. Redes.

   d. Copias de seguridad.

8. **Determina si la siguiente oración es verdadera o falsa: "En función del recurso al que hay que proteger o darle seguridad, esta puede ser activa o pasiva".**

   ■ Verdadero

   ■ Falso

9. **La seguridad física se engloba conjuntamente con:**

   a. Activa.

   b. Pasiva.

   c. Física.

   d. Lógica.

10. "Protección de activos de información a través del tratamiento de amenazas que ponen en riesgo la información que es procesada, almacenada y transportada por los sistemas de información interconectados" es una definición de:

   a. ISO 38:2014.
   b. ISO 27001.
   c. ISO 76001.
   d. ISACA.

Software dañino

Contenido

Objetivos

El objetivo general de esta Unidad de Aprendizaje es:

→ Reconocer y clasificar el software dañino que circula por internet.

El objetivo específico de esta Unidad de Aprendizaje es:

→ Identificar los riesgos de la ingeniería social.

1. Introducción

Además de los tipos tradicionales de *malware,* como virus y troyanos, han surgido nuevas amenazas como el *ransomware* dirigido, que cifra los datos y exige un rescate. Otro tipo de amenaza emergente es el *malware* sin archivos, que reside en la memoria RAM y es difícil de detectar ya que no deja huellas en el disco duro. Los ataques de minería de criptomonedas (*cryptojacking*) también se han vuelto comunes, utilizando los recursos de los dispositivos infectados para minar criptomonedas sin el conocimiento del usuario.

Con el incremento del teletrabajo y el uso masivo de dispositivos móviles, las superficies de ataque han aumentado significativamente. Las amenazas han evolucionado para incluir técnicas avanzadas como el *ransomware* dirigido, el *malware* sin archivos (*fileless malware*) y ataques de *phishing* altamente personalizados. En este contexto, la concienciación y educación en ciberseguridad se han vuelto imprescindibles para proteger tanto a individuos como a organizaciones.

Por eso, para evitar las situaciones anteriores, es conveniente tener información sobre el *malware* que hay disponible y circulando por la red y el tipo de ataque que podemos sufrir, de esta forma el daño que recibiremos en nuestro equipo informático será mucho menor que si no tenemos conciencia del *malware*.

Durante el desarrollo de esta unidad nos centraremos en el concepto sobre el *software* dañino, la clasificación del *software* dañino, las amenazas persistentes y avanzadas así como las redes sociales y la ingeniería social.

Para ello, nos centraremos en el caso de CiberLinkNet, S. L., una empresa dedicada a dar soporte sobre seguridad informática tanto a empresas como a usuarios, análisis web, posicionamiento y auditorías wifi, que cuenta ya con más de 10 años de experiencia en el sector.

2. Conceptos sobre *software* dañino

 **HILO CONDUCTOR**

En CiberLinkNet S. L., ya han sufrido varios intentos de hackeo de sus servidores, por eso, la primera vez que les sucedió no tenían implantadas las medidas de

Continúa en página siguiente >>

<< Viene de página anterior

seguridad correspondientes; labor que realizaron inmediatamente con ayuda de asesores a medida.

El *software* dañino o maligno, también conocido bajo el término de *malware,* es un tipo de *software* cuyo objetivo principal es entrar en un determinado equipo informático para causar un cierto tipo de daño, sin el consentimiento del propietario o dueño del equipo informático.

Hoy en día, al estar interconectados la mayoría de dispositivos, la infección se produce al mismo tiempo y en cuestión de segundos en todos ellos.

3. Clasificación del *software* dañino

☞ HILO CONDUCTOR

En CiberLinkNet S. L., saben de mano propia que no hay que tratar de la misma forma a todo el *malware,* dependiendo del ataque que suframos debemos adoptar unas medidas u otras; por eso es muy importante la protección ante el *software* dañino o *malware.*

Dentro del **software dañino** o *malware* podemos establecer la siguiente clasificación:

- **Adware.** Nos muestra o descarga anuncios publicitarios que aparecen en nuestro dispositivo informático sin haberlos solicitado, es decir, cuando por ejemplo navegamos por internet y en la parte derecha o izquierda de la pantalla aparece publicidad basada en las búsquedas que hemos realizado anteriormente.
- **Backdoor.** Este *software* permite la conexión a los equipos informáticos sin nuestro permiso. Puede funcionar bien como un caballo de Troya o bien como un gusano que se nos instala en el equipo sin darnos cuenta y nos roba la información que tengamos en él.
- **Badware Alcalino.** Se trata de una combinación de *spyware* y *backdoor,* se suele integrar con el sistema operativo de tal forma que está continuamente observando cuándo es el mejor momento para atacarnos.
- **Bomba *fork*.** Es un *software* que se va clonando o copiando a sí mismo con el principal objetivo de ocupar toda la memoria RAM de nuestro equipo informático, agotando así su capacidad de trabajo.
- **Bots.** Son *softwares* robotizados cuya apariencia es totalmente normal, pero que tienen como finalidad ir creando cuentas de correo electrónico en los distintos servidores que las ofrecen de forma gratuita para después, desde estas cuentas, atacarnos (normalmente en forma de *e-mails*).
- **Bug.** Por esta nomenclatura entendemos a todos los errores o fallos de la programación que hacen que nuestros equipos informáticos no funcionen como deberían.
- **Caballo de Troya.** Se trata de un *software* que puede autocopiarse y cuyo fin es dañar nuestro sistema informático a base de engaños.
- **Crackers.** *Software* dedicado a la monitorización de contraseñas que usamos en los equipos informáticos.
- **Dialers.** Más de moda antiguamente, eran *softwares* que se instalaban en nuestro equipo y que truncaban el módem para hacer llamadas telefónicas de largo alcance (normalmente relacionado con la pornografía).
- **Exploit.** *Software* que tiene por objetivo poner en compromiso la vulnerabilidad del sistema operativo (no siempre son maliciosos, algunas veces este tipo de *software* se usa para demostrar que existen tales vulnerabilidades en el sistema operativo).
- **Fileless malware**. *Malware* que opera en la memoria del sistema, sin dejar rastros en el disco duro, lo que lo hace difícil de detectar y eliminar.
- **Cryptojacking**. *Software* que utiliza los recursos del dispositivo infectado para minar criptomonedas sin el conocimiento del usuario.
- **Ransomware dirigido**. Variante de *ransomware* que selecciona objetivos específicos, generalmente empresas, para maximizar el impacto y el rescate.

- **Deepfake malware**. Utiliza tecnología de inteligencia artificial para crear contenido falso (deepfakes) con el fin de engañar y manipular a las víctimas.
- **Botnets IoT**. Redes de dispositivos IoT infectados que se utilizan para llevar a cabo ataques coordinados, como ataques DDoS.

 ## ACTIVIDAD COMPLEMENTARIA

3. Localiza información sobre un ataque en el que se haya usado un caballo de Troya y determina con qué fin se llevó a cabo.

Pero además, también contamos con los siguientes **malware:**

- **Hijacker.** Este tipo de *software* cambia la página de inicio con la que tenemos configurado al navegador web de nuestro equipo informático y nos redirige a otras páginas con el fin de capturar nuestros datos personales o bancarios.
- **Keylogger.** *Software* espía que monitorea el sistema observando sobre todo las pulsaciones que realizamos en el teclado para poder obtener los usuarios y contraseñas y enviarlos al *cracker* que programó dicho *software*.
- **Ladilla virtual.** *Software* maligno relacionado con el mundo de la pornografía fundamentalmente.
- **Leapfrog.** *Software* maligno que busca las claves de acceso y cuentas de correo electrónico para usarlas posteriormente para su propio interés.
- **Parásito informático.** Es un *software* maligno que se adjunta en los archivos. Cuando estos se ejecutan, comienza la programación del parásito en nuestro equipo informático.
- **Pharming.** *Software* maligno que suplanta nuestra DNS con el fin de redirigirnos a una web falsa para obtener nuestros datos.
- **Spyware.** Más conocidos por "programas espía", se dedican a recopilar información del sistema informático para después usar internet y enviar dicha información.
- **Worms.** Muy similar al virus informático, con la diferencia de que no infecta a otros sistemas. También conocido como "gusano" y su fin es modificar al sistema operativo para que cuando arranque se inicie el gusano buscando las vulnerabilidades en el sistema operativo.

4. Amenazas persistentes y avanzadas

☞ HILO CONDUCTOR

En CiberLinkNet S. L., saben que pueden ser vigilados o monitorizados en cualquier momento a través de internet y que los atacantes pueden aprovechar cualquier ocasión para echar por tierra sus servidores, por eso siempre cuentan con un servidor replicado que no está conectado a la red.

También conocidas por las siglas **APT** *(Advanced Persisten Threat)* son un conjunto de procesos informáticos silenciosos que continuamente están funcionando, cuyo fin es romper la seguridad informática de una determinada entidad. Normalmente, son diseñados por humanos y suelen optar por organizaciones de negocios o bien de política.

Los APTs han evolucionado para ser más sofisticados, utilizando múltiples vectores de ataque y técnicas avanzadas de evasión. A menudo, estos ataques se dirigen a infraestructuras críticas y sectores específicos, como finanzas, energía y defensa. Las tácticas incluyen el uso de *exploits* de día cero, ingeniería social avanzada y la explotación de vulnerabilidades en dispositivos IoT. La detección y mitigación de APTs requiere una combinación de herramientas avanzadas de monitoreo, inteligencia de amenazas y una respuesta coordinada.

Los **APT suelen requerir de un largo período de tiempo** para estudiar a la víctima y descubrir las vulnerabilidades del sistema informático, tras ello procederán con el ataque garantizando su éxito.

Un proceso de ataque ATP consta de las siguientes partes:

> **Estudio de la víctima**
> - Dado que estamos ante ataques a máquinas o dispositivos informáticos específicos, se realiza un estudio completo de la víctima con el objetivo de conocer su configuración, sistema operativo, políticas de seguridad implantadas... todo esto se hace para obtener un punto débil donde atacar a la víctima.

Continúa en página siguiente >>

<< Viene de página anterior

Infección
- La infección en sí consiste en penetrar en una máquina de la red interna donde se encuentra la víctima a atacar y con ello ir recabando más información sobre la misma. La infección puede llevarse a cabo con la simple acción de ejecutar o abrir un determinado fichero.

Propagación
- Una vez que se ha llevado a cabo la primera infección es cuando se produce la etapa de propagación al resto de equipos que conforman la LAN o la VPN. En este punto es donde el atacante tiene más probabilidades de ser vulnerable e identificable.

5. Ingeniería social y redes sociales

☞ HILO CONDUCTOR

En CiberLinkNet S. L., cada día reciben cientos de correos fraudulentos para que accedan a los enlaces que contienen con el fin de obtener los usuarios y contraseñas, por eso siempre realizan cada cierto tiempo cursos de formación a sus empleados para ponerlos al día en las amenazas y riesgos de internet.

Definimos la **ingeniería social** como una práctica consistente en la manipulación psicológica de determinadas personas con el fin de que compartan cierta información confidencial o bien lleven a cabo acciones que comprometan la seguridad de sus equipos informáticos. Para ello, la ingeniería social se basa en técnicas como:

Phishing
- Técnica que consiste en que el atacante se hace pasar por una empresa reconocida por la víctima con el fin de capturar sus datos de acceso a la misma. Por ejemplo, mandar un correo de un determinado banco para redirigir al usuario a una determinada web que no pertenece al banco y así obtener sus datos.

Accesos no autorizados
- Consiste en hacerse pasar por personal de una determinada empresa para tener acceso a sus instalaciones y posteriormente aprovechar para infectar los dispositivos informáticos.

USB
- Otra forma es facilitar a alguno de los empleados de la empresa u organización un USB cargado con *software* dañino de tal forma que cuando sea insertado en uno de los equipos de la empresa se produce la infección y propagación del mismo.

Las técnicas de ingeniería social han avanzado para incluir ataques altamente personalizados (*spear phishing*), donde los atacantes investigan a sus víctimas y crean mensajes específicos y convincentes. Por otro lado, los ataques de *Business Email Compromise* (BEC) han aumentado, donde los atacantes se hacen pasar por ejecutivos de alto nivel para engañar a los empleados y lograr transferencias de dinero o información sensible.

Además de todo lo anterior, las **redes sociales** se han convertido en un medio de rápida difusión por la cantidad de usuarios y la cantidad de información que se comparte, escenario ideal y propicio para infiltrar *malware* y contaminar e infectar al resto de usuarios para obtener datos confidenciales y privados.

 **APLICACIÓN PRÁCTICA**

Carmen ha recibido un correo electrónico que parece provenir de su proveedor de servicios en la nube, solicitándole que verifique su cuenta

Continúa en página siguiente >>

<< Viene de página anterior

haciendo clic en un enlace. El correo tiene el logotipo del proveedor y parece legítimo, pero Carmen no está segura de su autenticidad. ¿Cómo debe proceder?

Solución

Es altamente recomendable que Carmen no haga clic en el enlace del correo electrónico. En su lugar, debe acceder directamente al sitio web oficial del proveedor de servicios en la nube escribiendo la URL en el navegador o utilizando un marcador guardado previamente. Además, debe reportar el correo sospechoso al equipo de soporte del proveedor para que puedan investigar el posible intento de *phishing* y tomar las medidas necesarias.

 TAREA 3

Juan acaba de recibir en su correo electrónico un correo del Banco Sentander; dentro del contenido del mensaje aparece la información:

"Estimado cliente, hemos detectado errores en su cuenta *online* y por eso le pedimos que acceda a ella a través del enlace que le facilitamos más abajo con motivos de validar la seguridad de la misma.

Pulse en este enlace para validar sus credenciales de acceso al banco Sentander...".

Una vez leído el mensaje, Juan te ha llamado como experto en seguridad para que le asesores, dado que de primera hora le ha resultado todo muy extraño.

Ayuda a Juan explicándole los riesgos que corre con dicho enlace y accediendo a él con sus credenciales.

---

6. Resumen

Recuerda la clasificación que podemos llevar a cabo del *software* dañino o *malware:*

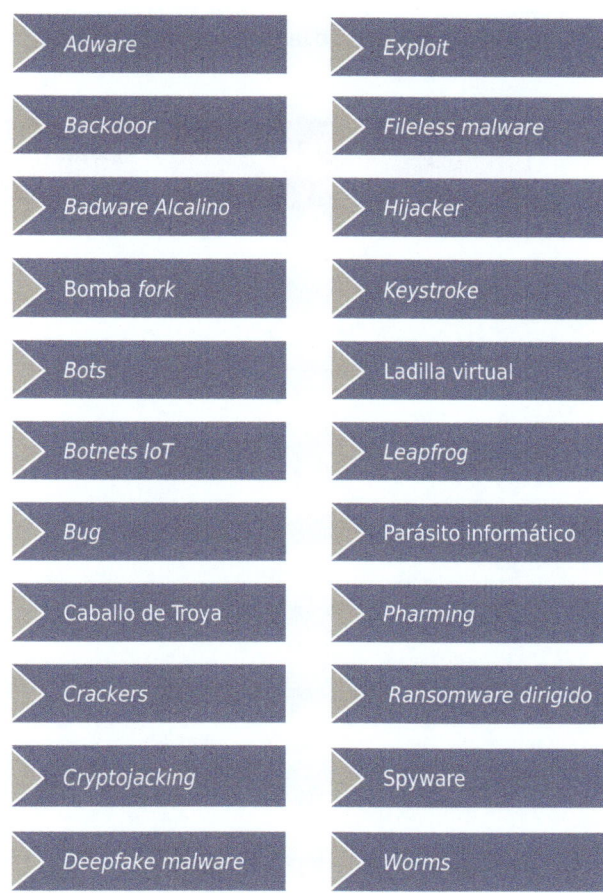

Adware

Backdoor

Badware Alcalino

Bomba *fork*

Bots

Botnets IoT

Bug

Caballo de Troya

Crackers

Cryptojacking

Deepfake malware

Exploit

Fileless malware

Hijacker

Keystroke

Ladilla virtual

Leapfrog

Parásito informático

Pharming

Ransomware dirigido

Spyware

Worms

Recuerda que un proceso de ataque ATP consta de las siguientes partes:

Estudio de la víctima

Infección

Propagación

La ingeniería social hace uso de las siguientes **técnicas:**

Ejercicios de autoevaluación
Unidad de Aprendizaje 3

1. Determina si la siguiente oración es verdadera o falsa: "Un *software* maligno tiene como objetivo principal bloquear un determinado equipo informático para causar un cierto tipo de daño, sin el consentimiento del propietario o dueño del equipo informático".

   - Verdadero
   - Falso

2. Indica cuál de los siguientes no se considera *malware:*

   a. *Bug*
   b. *Bug Bunny*
   c. *Crakers*
   d. *Ramsonware*

3. APT se corresponde con:

   a. Alta profundización técnica
   b. Análisis profundo técnico
   c. Amenazas persistentes y avanzadas
   d. *Amateur Programming Trainning*

4. Un ATP consta de...

   a. ... una parte.
   b. ... dos partes.
   c. ... tres partes.
   d. ... cuatro partes.

5. La tercera parte de un ATP se corresponde con:

   a. Propagación
   b. Extensión
   c. Estudio de la víctima
   d. Infección

6. Los accesos no autorizados se corresponden con:

   a. *Social media marketing*
   b. *Email marketing*
   c. Ingeniería social
   d. Ingeniería *datamining*

7. Determina si la siguiente oración es verdadera o falsa: "Las redes sociales no son un buen escenario para la propagación de malware".

   ■ Verdadero
   ■ Falso

8. "Son *software* robotizados cuya apariencia es totalmente normal pero que tienen el fin de ir creando cuentas de correo electrónico en los distintos servidores que las ofrecen de forma gratuita para después desde estas cuentas atacarnos", nos referimos a:

   a. Bomba *fork*
   b. *Bots*
   c. *Bug*
   d. Ladilla virtual

9. "Se trata de un software que puede autocopiarse y cuyo fin es la dañar nuestro sistema informático a base de engaños", hablamos de:

   a. *Ramsomware*
   b. *Crackers*
   c. Caballo de Troya
   d. *Exploit*

10. "*Software* maligno que busca las claves de acceso y cuentas de correo electrónico para usarlas posteriormente para su propio interés", nos referimos a:

    a. Parásito informático
    b. *Pharming*
    c. *Worms*
    d. *Leapfrog*

Seguridad en redes inalámbricas

Contenido

Objetivos

El objetivo general de esta Unidad de Aprendizaje es:

→ Identificar la seguridad en las redes inalámbricas.

El objetivo específico de esta Unidad de Aprendizaje es:

→ Conocer los riesgos de seguridad implícitos en las redes inalámbricas.

1. Introducción

Hoy en día nos conectamos a muchas redes inalámbricas por la necesidad de estar conectados a la red de redes o internet. Muchas veces no somos conscientes del riesgo que cometemos al no conocer a qué red nos conectamos y sobre todo qué es lo que hay o quién hay detrás de dicha red.

En los últimos años, hemos visto un incremento en ataques a redes inalámbricas, incluyendo ataques de tipo "Man-in-the-Middle" donde los atacantes interceptan y manipulan la comunicación entre dos partes, y vulnerabilidades en protocolos de cifrado. Es muy importante mantenerse actualizado sobre las últimas amenazas y estrategias de mitigación.

Para ello, nos centraremos en el caso de CiberLinkNet, S. L., una empresa dedicada a dar soporte sobre seguridad informática tanto a empresas como usuarios, análisis web, posicionamiento y auditorías wifi que cuenta ya con más de 10 años de experiencia en el sector.

2. Redes inalámbricas

☞ HILO CONDUCTOR

En CiberLinkNet S. L., siempre aconsejan a sus clientes que no se conecten a redes inalámbricas que desconocen sin saber el tipo de red y su configuración, dado que por detrás podría haber terceros con malas intenciones. Además, es importante educar a los usuarios sobre los riesgos asociados con la conexión a redes públicas o gratuitas, ya que estas pueden ser utilizadas como trampas para interceptar datos personales y credenciales de acceso. Implementar el uso de VPN (Redes Privadas Virtuales) es una medida adicional para asegurar la privacidad y protección de los datos transmitidos.

Cada día son más los usuarios que por su propio riesgo deciden adquirir un **router** y montarlo o bien en la empresa o bien en su propia casa. El proceso es fácil, se adquiere un *router* el cual tiene por objetivo ser conectado a internet y comenzar a navegar inalámbricamente sin pararnos a configurar dicho dispositivo *(router)* de forma segura para que no suframos ataques por parte de otros usuarios de internet.

El hecho de disponer de un *router* que no haya sido correctamente configurado da lugar a estar conectados a una red que podemos definir como "no segura". En el mejor de los casos se producirán accesos no deseados de usuarios próximos al *router* y que son capaces de localizar la señal wifi del mismo; pero en otros casos puede ser que las intenciones no sean benignas y nos veamos envueltos en problemas legales (otros usuarios pueden aprovechar nuestra conexión wifi para llevar a cabo delitos ciberinformáticos).

Por tanto, **una vez que se instala un dispositivo** *router* en una red el siguiente paso que deberíamos dar sería la **configuración del mismo en cuanto a materia de seguridad** se refiere. Para ello deberíamos de tratar dos **conceptos clave,** que serían:

> Configuración del *router*

> Cifrado de datos de la red inalámbrica

Ejemplo de un dispositivo router

Pero, **¿cómo podemos montar una red inalámbrica?** Lo primero de todo sería la adquisición del dispositivo informático que nos permita conectarnos a internet, en nuestro caso, el *router*. Una vez adquirido dicho dispositivo bastará con que conectemos la conexión de internet ofrecida por nuestro proveedor de servicios al puerto WAN del *router* (normalmente se suele llevar a cabo bien con un cable telefónico de datos, o bien, en el caso de fibra óptica, nos llega el cable directamente de la central telefónica).

Router con conexión de cable telefónico a su derecha

Una vez que tenemos conectado el dispositivo *router* a internet, el siguiente paso consiste en la **configuración de los parámetros de seguridad** del mismo antes de navegar o conectar dispositivos a la wifi.

Estructura general de una conexión de *router* wifi

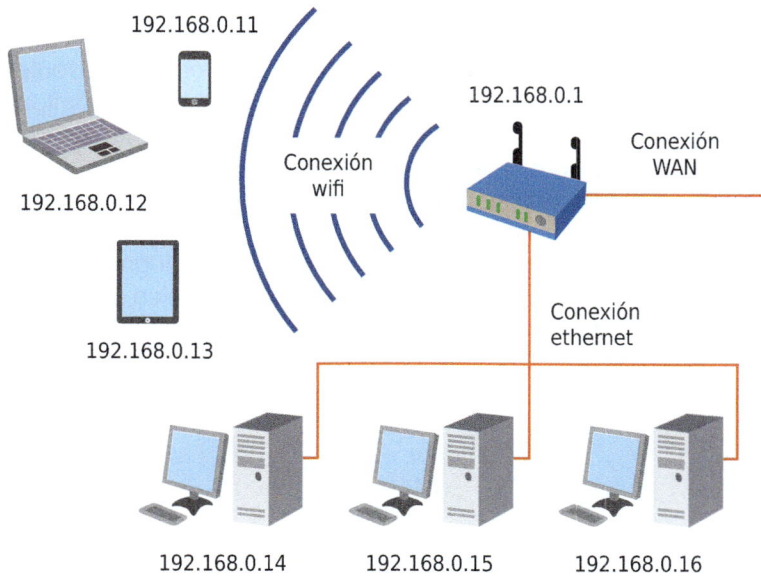

Fuente (https://commons.wikimedia.org/wiki/File:Red_Local_con_Router_Inal%C3%A1mbrico.png)

Para la configuración de los parámetros de seguridad **se recomienda que nos conectemos al *router* desde algún dispositivo informático usando para ello un cable,** es decir, conectar el dispositivo informático al *router* a través de un cable para poder acceder a él. Para ello, los puertos a los que nos podemos conectar usando dicho cable suelen venir resaltados en la parte de atrás del *router*. Adicionalmente, se sugiere desactivar la configuración remota del *router* para prevenir accesos no autorizados desde fuera de la red local.

Modo de conectarse con cable al router

Una vez que tenemos conectado el dispositivo informático al *router* mediante el cable de datos es cuando procedemos a establecer la configuración de seguridad de la red wifi. La forma que tendremos de acceder al *router*, generalmente, es abrir un navegador de internet y en la barra de direcciones escribir la siguiente dirección de acceso al *router:* http://192.168.X.X donde X.X son valores que nos debe de suministrar el fabricante del *router*. Una vez que accedamos a dicha dirección se nos pedirá que ingresemos un nombre de usuario y una contraseña (estas por defecto suelen ser admin-admin o admin-1234, dependiendo del fabricante del *router)*.

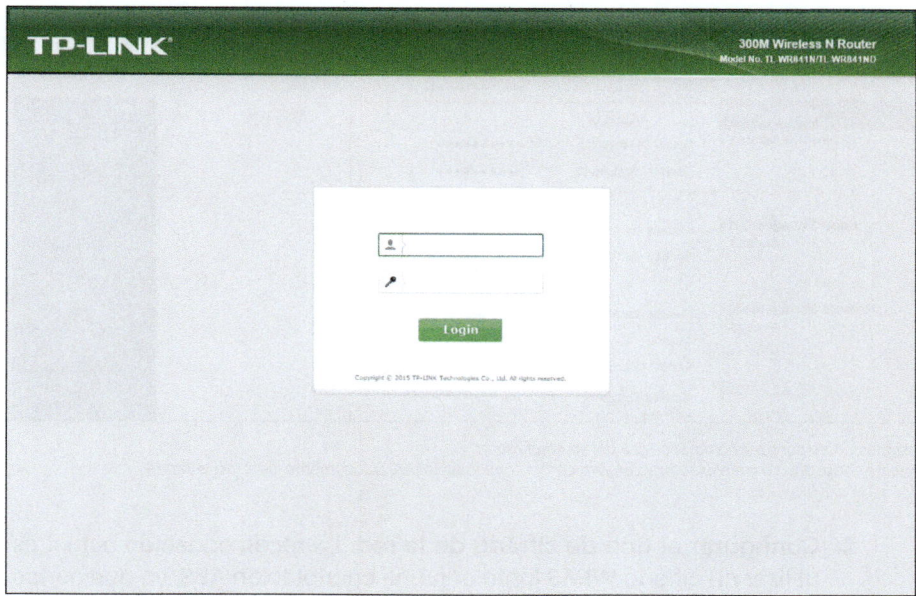

Página de entrada a un router del fabricante TP-Link

La **configuración mínima** de seguridad que debemos de establecer en el *router* una vez superado el acceso (nombre de usuario y contraseña) es la siguiente:

- **Modificar las credenciales de acceso al *router*.** Lo primero de todo será cambiar tanto el nombre de usuario como la *password* que trae asociadas por defecto el *router* (que normalmente si nos fijamos en la parte posterior del *router* suelen venir etiquetados). Es totalmente necesario cambiar el nombre de usuario y la contraseña por unos propios nuestros para que nadie excepto nosotros podamos acceder al *router* y cambiar su configuración. Dependiendo del fabricante del *router* este proceso se realizará de una determinada forma u otra, lo mejor de todo es consultar cómo hacerlo a través del manual de usuario que el fabricante suministra junto con el *router*.
- **Asignar una contraseña de acceso a la red.** Se trata de establecer una contraseña de acceso a la red que podemos elegir nosotros, habrá que acceder al *router* para cambiarla, tal y como se aprecia en la siguiente imagen:

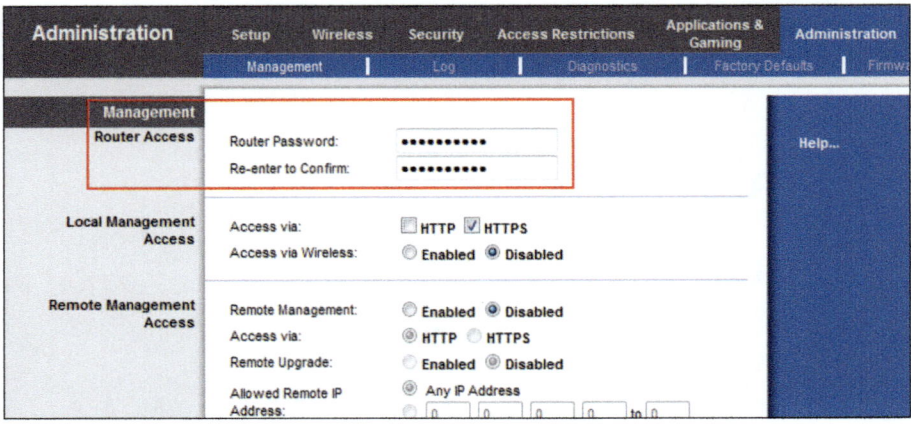

Asignación de contraseña de acceso a la red en el router
Fuente (https://www.welivesecurity.com/wp-content/uploads/2014/01/documento_guia_de_wifi.pdf)

⊃ **Configurar el tipo de cifrado de la red.** La recomendación actual es utilizar un cifrado WPA3 junto con una encriptación AES, ya que ofrece una mayor seguridad y protección contra ataques modernos. De esta forma nos aseguramos de que los datos o información que viaja por la red no pueden ser leídos por terceros que hayan conseguido acceder a la misma y estén monitorizándola.

 PARA SABER MÁS

Dado que la seguridad en tecnología inalámbrica tiene muchos tipos de cifrados, lo ideal es que eches un vistazo a este documento donde se explican cada uno de ellos:

https://redirectoronline.com/ifct135po0401

APLICACIÓN PRÁCTICA

Juan acaba de comprarse un *router* nuevo y más potente en una cadena de informática, ¿qué es lo primero que debería hacer Juan con el *router*?

Solución

Cambiando las claves de acceso por defecto que traen asociados los *routers* de fábrica conseguimos ponerle las cosas más difíciles a aquellos que quieran acceder desde internet a nuestro *router,* además, de esta forma estamos mucho más seguros tanto a nivel de *router* como a nivel de la red.

La configuración que hemos establecido anteriormente es solo una configuración mínima de seguridad. Además, podemos establecer una **configuración de seguridad avanzada** si ajustamos los siguientes parámetros:

Configuración del *firewall*
- Previamente tendremos que comprobar que el *router* que tenemos es compatible con esta opción (aunque la mayoría de *routers* actuales lo soportan, hay otros modelos más económicos que no lo soportan). Mediante la configuración del *firewall* podemos establecer qué servicios y puertos van a estar disponibles para acceder a la red externamente, es decir, acceder desde internet a la red formada por el *router.*

Acceso al *router* por HTTPS
- Frente al protocolo HTTP, el HTTPS es mucho más seguro dado que implementa medidas de seguridad que el primero no contempla. Es posible habilitar la configuración de acceso al *router* a través del protocolo HTTPS y de esta forma evitamos que terceros puedan capturar nuestro usuario o contraseña de acceso al *router.*

Ocultar el SSID de la red
- El SSID se corresponde con un nombre que identifica a una y solo una red wifi o inalámbrica. Desde el *router* tenemos la opción de ocultar esta SSID (por tanto el nombre de nuestra red wifi) y así por mucho que intenten buscarla nunca llegarán a encontrarla.

ACTIVIDAD COMPLEMENTARIA

4. Localiza la red wifi a la que estás conectado e intenta ocultar su SSID al resto de compañeros.

Actualmente, dada la necesidad de estar conectados a internet, son muchas las ocasiones en las que nos conectamos a redes inalámbricas sin saber lo que hay detrás de ellas. Aunque la red a la que nos conectemos sea privada, nunca somos conscientes de qué es lo que hay en dicha red, más que nada porque no podemos saberlo.

Entonces, **¿cómo podemos identificar qué redes son seguras y cuáles no?** Lo primero de todo es fijarnos si la red a la que nos conectamos dispone de contraseña o no, en el caso de que **no dispusiera de contraseña** sería un indicador para no conectarnos a ella. El segundo paso sería fijarnos en si usa algún **tipo de cifrado,** en el caso de no utilizar ningún tipo de cifrado la información que enviemos por ella será visible por cualquier usuario o máquina conectada a esa red inalámbrica.

Propiedades	
SSID:	Orange-551B
Protocolo:	802.11n
Tipo de seguridad:	WPA2-Personal
Banda de red:	2.4 GHz
Canal de red:	1
Dirección IPv4:	192.168.1.114
Servidores DNS IPv4:	192.168.1.1
Fabricante:	Intel Corporation
Descripción:	Intel(R) Dual Band Wireless-AC 7265
Versión del controlador:	19.50.1.6
Dirección física (MAC):	88-78-73-9D-F2-56

Ejemplo de una red inalámbrica con contraseña y cifrado (tipo de seguridad)

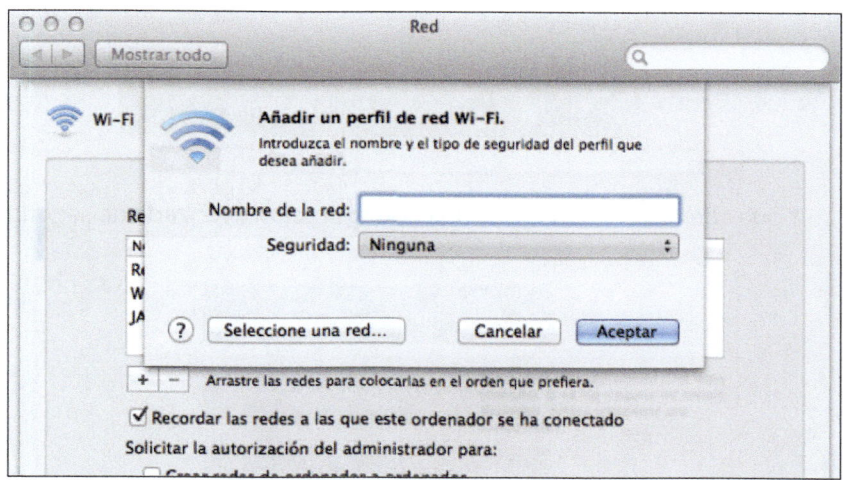

Creación de red wifi sin contraseña ni seguridad alguna
Fuente (https://www.soydemac.com/anade-una-red-wi-fi-oculta-si-esta-se-muestra-al-escanear-redes/)

 **TAREA 4**

Juan es el propietario de una tienda de ropa y ha decidido que para intentar traer más público a la tienda va a dar wifi gratis a sus clientes, usando para ello la misma red en la que se encuentran los servidores con el comercio *online* de su tienda de ropa.

Asesora a Juan respecto a cómo debería montar esa wifi, o si sería más conveniente contratar una wifi aparte.

3. Resumen

Recuerda la **configuración mínima de seguridad** que debemos establecer en el *router:*

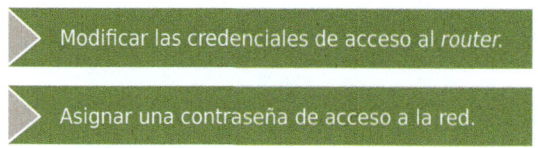

Modificar las credenciales de acceso al *router.*

Asignar una contraseña de acceso a la red.

Continúa en página siguiente >>

<< Viene de página anterior

Configurar el tipo de cifrado de la red.

Y que además contamos con una **configuración avanzada** de seguridad:

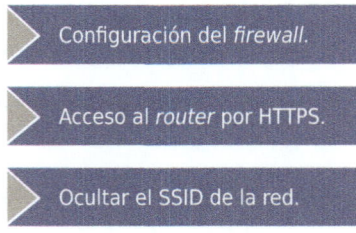

Configuración del *firewall*.

Acceso al *router* por HTTPS.

Ocultar el SSID de la red.

Ejercicios de autoevaluación
Unidad de Aprendizaje 4

1. Determina si la siguiente oración es verdadera o falsa: "Una vez que se instala un dispositivo *router* en una red, el siguiente paso que deberíamos dar sería la configuración del mismo en cuanto a materia de seguridad se refiere".

   ■ Verdadero
   ■ Falso

2. El dispositivo que adquirimos y que conectamos a internet es:

   a. *Firewall*
   b. *Proxy*
   c. *Router*
   d. *Smartphone*

3. El *router* se conecta a internet por el puerto...

   a. ... LAN.
   b. ... FAN.
   c. ... PAN.
   d. ... WAN.

4. Para la configuración de los parámetros de seguridad nos conectamos...

   a. ... externamente al *router* por medio de internet.
   b. ... internamente al *router* por medio de internet.
   c. ... a través de clave con el *router*.
   d. ... por wifi.

5. Indica cuál suele ser la dirección de acceso a un *router:*

   a. 192.178.X.X
   b. 192.168.X.X
   c. 192.158.X.X
   d. 192.148.X.X

6. **Indica cuál de las siguientes opciones no se corresponde con una configuración mínima:**

    a. Gestión de los *proxys*.
    b. Modificar las credenciales de acceso al *router*.
    c. Asignar una contraseña de acceso a la red.
    d. Configurar el tipo de cifrado de la red.

7. **Indica cuál de las siguientes no se corresponde con la configuración avanzada:**

    a. Configuración del *firewall*.
    b. Configuración del *proxy*.
    c. Acceso al *router* por HTTPS.
    d. Ocultar el SSID de la red.

8. **El nombre de la red se conoce por la nomenclatura...**

    a. ... SSID.
    b. ... SIID.
    c. ... DISS.
    d. ... SISD.

9. **Determina si la siguiente oración es verdadera o falsa: "Una red es segura cuando no requiere de contraseña ni de cifrado".**

    ■ Verdadero
    ■ Falso

10. **Determina si la siguiente oración es verdadera o falsa: "Las redes se cifran para evitar que las terceras personas que acceden a la misma puedan descifrar la información que viaja por ella".**

    ■ Verdadero
    ■ Falso

Herramientas de seguridad

Contenido

Objetivos

El objetivo general de esta Unidad de Aprendizaje es:

→ Conocer las herramientas de seguridad.

El objetivo específico de esta Unidad de Aprendizaje es:

→ Identificar código malicioso.

1. Introducción

Hoy en día usamos internet para cualquier cosa que se nos pasa por la cabeza, y lo usamos como un entorno en el que no ocurre nada, cuando esto no es así; la red está llena de amenazas y riesgos para los cuales debemos tomar las medidas necesarias si no queremos comprometer nuestra seguridad.

Durante el desarrollo de esta unidad veremos las medidas de protección que debemos tomar, el control de acceso de los usuarios al sistema operativo, permiso de usuarios, registro de usuarios, autentificación de usuarios, gestión segura de comunicaciones, carpetas y otros recursos, gestión de carpetas en red, tipos de accesos a carpetas compartidas, compartir impresoras, protección frente a código malicioso, antivirus y *antimalware*.

Para ello, nos centraremos en el caso de CiberLinkNet, S. L., una empresa dedicada a dar soporte sobre seguridad informática tanto a empresas como usuarios, análisis web, posicionamiento y auditorías wifi que cuenta ya con más de 10 años de experiencia en el sector.

2. Medidas de protección

☞ **HILO CONDUCTOR**

En CiberLinkNet S. L., saben que internet es un entorno no muy seguro en cuanto a amenazas y riesgos se refiere, por eso siempre aconsejan a sus clientes tomar ciertas medidas de protección.

No disponemos de unas **reglas** en cuanto a las **medidas de protección,** pero sí de una serie de consejos a seguir para lograr dicha protección que son los siguientes:

➲ **Instalar un antivirus.** Un buen *software* de antivirus es el primer requisito básico en cuanto a seguridad informática. Aparte disponer de herramientas para detectar el *malware*, no están de más en los tiempos que corren en internet.
➲ **Usar contraseñas complejas.** Lo ideal es usar contraseñas complejas que sean una combinación de letras o caracteres, números y dígitos

alfanuméricos; de esta forma se hace más complicado para los atacantes romper dichas contraseñas.

◐ **Usar *firewall*.** Con el uso del *firewall* ayudamos a proteger el tráfico de nuestra red, tanto el que entra como el que sale, además de impedir ataques en la misma.

◐ ***Software* de cifrado.** Si gestionamos datos sensibles como pueden ser numeraciones de tarjetas de crédito, cuentas bancarias, datos personales de los clientes... es necesario mantener la información cifrada por si cae en manos de terceros que les cueste mucho trabajo y esfuerzo el poder descifrarla.

◐ **Ignorar correos sospechosos.** Cuidado con el *phishing,* ante cualquier correo electrónico sospechoso lo mejor es no abrirlo y comunicarlo al departamento correspondiente para que tome las medidas adecuadas.

◐ **Limitar acceso a datos.** Si manejamos gran cantidad de datos sensibles, tendremos que establecer políticas de acceso a los mismos, garantizando así la integridad de los datos.

◐ **Copias de seguridad.** Se deben establecer políticas de copias de seguridad para que regularmente hagamos una copia de seguridad de la información que se maneja en la empresa.

◐ **Protección wifi.** Tal y como comentamos en la unidad anterior, debemos de disponer de una configuración básica de seguridad en la wifi para evitar accesos no autorizados y que pueden poner en jaque la seguridad de la red.

◐ **Portátiles y *smartphones*.** Tanto los portátiles como actualmente los *smartphones* contienen gran cantidad de información y de valor, si un dispositivo es robado inmediatamente deberemos cancelar los credenciales de acceso del mismo a la red de la empresa.

◐ **Políticas de seguridad.** Establecer políticas de seguridad informática es vital para cualquier empresa, en caso de producirse un riesgo podemos acudir a dicha política de seguridad para saber cómo resolver la situación.

◐ **Usar *software* de seguridad adicional**. además del antivirus, es recomendable utilizar *software* de seguridad complementario como antimalware y herramientas de detección de intrusos.

◐ **Mantener el *software* actualizado**. asegurarse de que todos los programas, especialmente los de seguridad, estén siempre actualizados para protegerse contra las últimas amenazas.

3. Control de acceso de los usuarios al sistema operativo

☞ **HILO CONDUCTOR**

En CiberLinkNet S. L., siempre recomiendan a sus clientes que cada usuario de la empresa tenga sus credenciales de acceso al sistema operativo que manejan de forma que se tenga controlado quién accede y cómo accede.

Un **control de acceso** se usa para impedir el acceso no autorizado al sistema operativo por parte de terceros a los que no corresponde su uso. Para ello, podemos usar las **prestaciones** o **servicios** que los sistemas operativos ponen a nuestro dispositivo para tal fin, y que son las siguientes:

> Autentificación de los usuarios autorizados, de acuerdo a la política de control interna de la empresa (puede variar de unas empresas a otras).

> Registro de los intentos de autentificación correctos y fallidos en el sistema.

> Registro de los privilegios especiales del sistema.

> Emitir señales de alarma cuando las políticas de seguridad sean saltadas o violadas por parte de terceros.

> Disponer de los recursos adecuados para la autentificación.

> Restricciones horarias de conexión cuando no sea necesario.

PARA SABER MÁS

Puedes visitar el siguiente enlace oficial de *Microsoft* en el que se nos explica cómo funciona el control de cuentas de usuarios en sus sistemas operativos *Windows:*

https://redirectoronline.com/ifct135po0501

3.1. Permiso de los usuarios

HILO CONDUCTOR

En CiberLinkNet S. L., cada usuario de la empresa tiene los permisos necesarios y suficientes para poder operar a su nivel, porque tienen claro que el nivel ejecutivo no es el mismo que el nivel operativo.

Los **permisos** que podemos establecer en un sistema operativo en modo usuario son los siguientes:

> **Administrar usuarios**
> - Mediante esta opción podemos gestionar a los usuarios de la cuenta (agregar, editar, asignar y suprimir usuarios). Este permiso no incluye los permisos de edición y colaboración.

Continúa en página siguiente >>

<< Viene de página anterior

Edición
- Mediante esta opción podemos realizar las distintas funciones administrativas y de informes (agregar, editar, suprimir, propiedades, vistas, filtros...), así como consultar los datos de los informes.

Colaboración
- Mediante la colaboración podemos editar, eliminar, compartir y colaborar sobre los elementos compartidos por el sistema operativo.

Leer y analizar
- Mediante esta opción podemos ver los datos de configuración y de informes, además de trabajar con ellos.

3.2. Registro de usuarios

☞ HILO CONDUCTOR

En CiberLinkNet S. L., cuando contratan a una nueva persona para trabajar con ellos, lo primero que hacen es un registro de su usuario para que pueda trabajar con los recursos informáticos de la empresa.

Para registrar o crear una cuenta de usuario en un sistema operativo de la familia Windows debemos seguir los siguientes **pasos:**

1. Pulsar el botón de inicio.

2. Buscar "Configuración".

3. Pulsar "Cuentas".

Continúa en página siguiente >>

[83]

<< Viene de página anterior

Localizar "Familia y otras personas".

Pulsar en "Agregar a otra persona a este equipo".

Rellenar el nombre de usuario, contraseña e indicio de contraseña.

3.3. Autentificación de usuarios

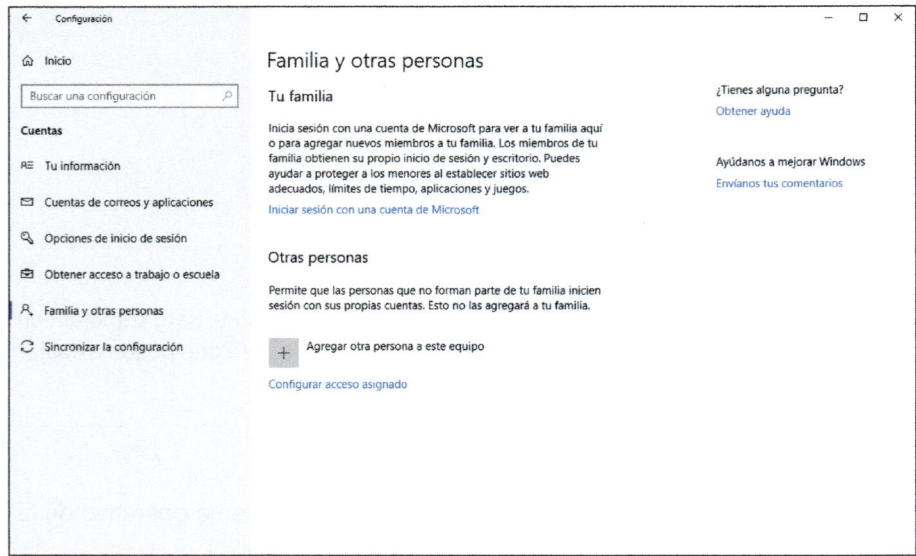

Registro de usuarios en Windows

👉 HILO CONDUCTOR

En CiberLinkNet S. L., cada usuario debe de autentificarse al comienzo de su jornada laboral, y por motivos de seguridad, cada cierto tiempo aleatorio en cada usuario, estos tienen que demostrar sus credenciales para saber que son quien se espera que sean.

La **autentificación** es el proceso mediante el cual se confirma que algo o alguien es quien dice ser. Normalmente, la autentificación se usa para acceder a ciertos recursos que están protegidos y que necesitan verificar el usuario para acceder a estos. Actualmente disponemos de varios métodos de autentificación, son los siguientes:

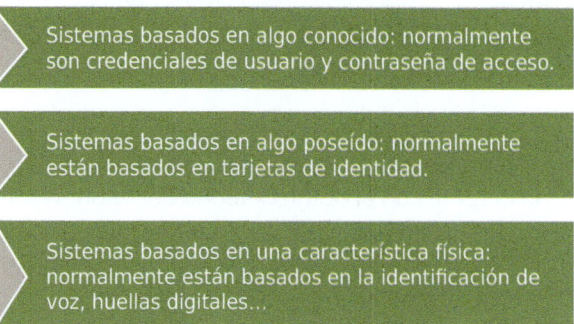

Sistemas basados en algo conocido: normalmente son credenciales de usuario y contraseña de acceso.

Sistemas basados en algo poseído: normalmente están basados en tarjetas de identidad.

Sistemas basados en una característica física: normalmente están basados en la identificación de voz, huellas digitales...

4. Gestión segura de comunicaciones, carpetas y otros recursos

☞ **HILO CONDUCTOR**

En CiberLinkNet S. L., saben que compartir siempre implica un riesgo si no se tienen los conocimientos suficientes, y lo que inocentemente puede ser una ayuda puede convertirse en un problema de seguridad.

- -

Cuando trabajamos en red, debemos ser conscientes de la información que compartimos en la red con el resto de usuarios o dispositivos informáticos conectados a ella. Dentro de este apartado veremos:

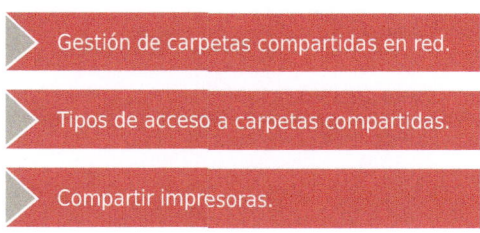

Gestión de carpetas compartidas en red.

Tipos de acceso a carpetas compartidas.

Compartir impresoras.

4.1. Gestión de carpetas compartidas en red

☞ HILO CONDUCTOR

En CiberLinkNet S. L., se comparten carpetas en la red, aunque a estas solo pueden acceder los usuarios con los permisos correspondientes.

En las propiedades de la carpeta (a las cuales accedemos mediante la pulsación en la carpeta con el botón derecho del ratón) veremos disponible en exclusiva un apartado para "compartir archivos y carpetas en nuestra red local"; pulsando en el menú etiquetado como propiedades. Una vez pulsado se nos abrirá una ventana, y dentro de esta debemos localizar la pestaña etiquetada como "Compartir", y tendremos algo similar a:

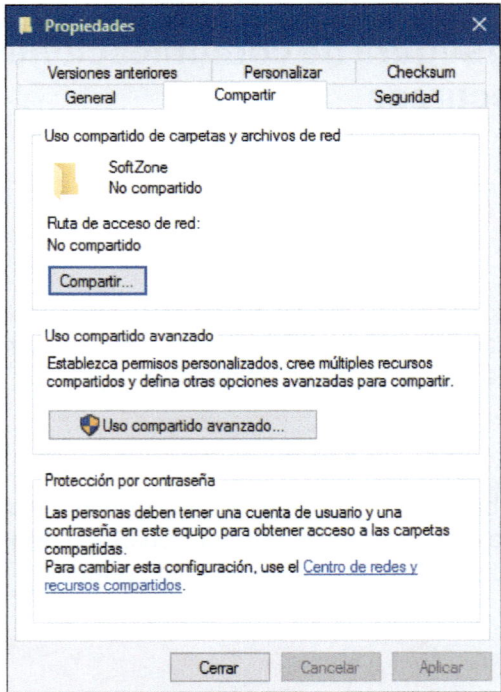

Compartir carpetas y archivos en red
Fuente (https://www.softzone.es/2017/03/01/compartir-carpetas-red-local-windows/)

En la primera parte de la imagen anterior vemos el botón etiquetado como **"Compartir",** que al pulsarse inicia un asistente para configurar las opciones de permisos en la compartición del archivo o carpeta en nuestra red local. Siguiendo las instrucciones marcadas por este asistente, obtendremos la compartición de la carpeta en la red deseada.

4.2. Tipos de accesos a carpetas compartidas

 **HILO CONDUCTOR**

En CiberLinkNet S. L., cada carpeta compartida tiene un determinado tipo de acceso, de tal forma, que solo ciertos usuarios pueden realizar cambios sobre ella.

Los **tipos de acceso** que podemos establecer a las carpetas compartidas para los usuarios los localizamos pulsando con el botón derecho en la carpeta compartida, escogiendo del menú emergente la opción de "Propiedades", buscando la pestaña "Compartir" y dentro de esta pulsando el botón "Uso compartido avanzado...". Una vez en la ventana activaremos la opción de "Compartir esta carpeta" y abajo tenemos el botón de "Permisos":

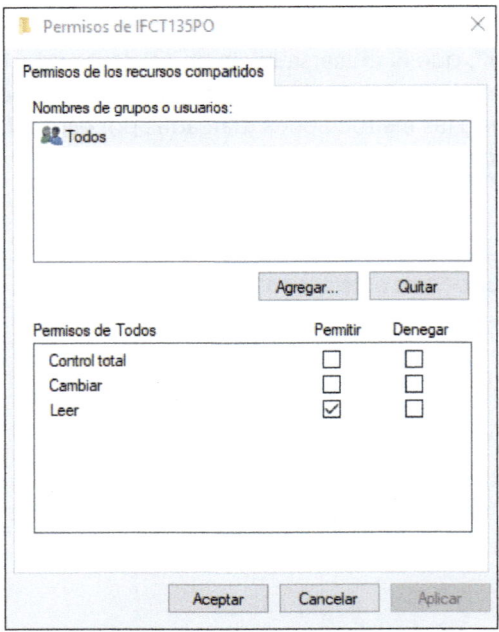

Tipos de acceso a carpetas compartidas en Windows

Los **tipos de acceso** disponibles son:

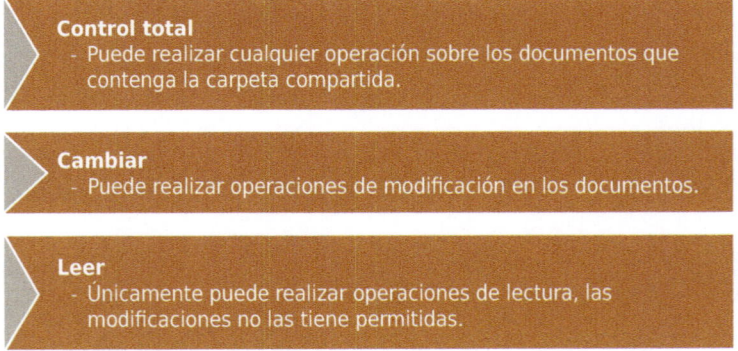

Control total
- Puede realizar cualquier operación sobre los documentos que contenga la carpeta compartida.

Cambiar
- Puede realizar operaciones de modificación en los documentos.

Leer
- Únicamente puede realizar operaciones de lectura, las modificaciones no las tiene permitidas.

4.3. Compartir impresoras

☞ **HILO CONDUCTOR**

En CiberLinkNet S. L., son ahorrativos y ecológicos a la hora de imprimir, de tal forma que solo hay una impresora local la cual es compartida por el resto de usuarios y únicamente se imprime lo realmente necesario.

Los **pasos** necesarios para compartir impresoras en sistemas operativos de la familia *Windows* son los siguientes:

1. Instalar el driver correspondiente de la impresora según el modelo.

2. Accedemos a la carpeta de impresoras.

3. Localizamos la impresora y pulsamos con el botón derecho sobre ella para, a continuación, en el menú que se expande, seleccionar "Propiedades de la impresora".

4. Localizamos la pestaña de "Compartir" y seleccionamos "Compartir esta impresora".

5. Pulsamos el botón de "Ok" o "Guardar" para salvar los cambios.

 **NOTA**

Una vez realizados estos pasos, el resto de usuarios podrán buscar esta impresora en la red y usarla como si estuviera en su propio equipo.

5. Protección frente a código malicioso

☞ HILO CONDUCTOR

En CiberLinkNet S. L., siempre asesoran a sus clientes que se hagan de *software* para tratar los virus y *software* para tratar el *malware,* así, si tienen la suerte de darse con alguno en la red, podrán tomar las medidas adecuadas al respecto.

Actualmente cualquier dispositivo informático cuenta con conexión a internet, y si consideramos que internet está saturado de virus y *malware* esperando el momento oportuno para colarse en nuestros dispositivos y realizarnos el mayor daño posible, lo más recomendable de todo es tener instaladas en nuestros dispositivos las siguientes herramientas *software* como protección ante el código malicioso:

5.1. Antivirus

☞ HILO CONDUCTOR

En CiberLinkNet S. L., siempre que adquieren un nuevo ordenador, después de instalar el sistema operativo adecuado, instalan el antivirus usado en la empresa.

El **antivirus** es un *software* cuyo fin es detectar y/o eliminar virus informáticos. Actualmente en internet podemos encontrar herramientas antivirus gratuitas o libres y se recomienda totalmente el uso de este *software* para prevenir posibles problemas.

Algunos **ejemplos** de antivirus son:

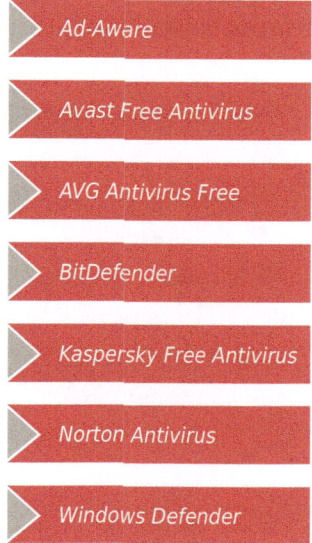

Ad-Aware

Avast Free Antivirus

AVG Antivirus Free

BitDefender

Kaspersky Free Antivirus

Norton Antivirus

Windows Defender

5.2. *Antimalware*

☞ HILO CONDUCTOR

En CiberLinkNet S. L., dado que saben que sus usuarios navegan por la red de redes, tienen instalados escaneadores de *malware* programados normalmente a horas en las que los usuarios no están realizando sus trabajos delante del ordenador.

Por **antimalware** entendemos un tipo de *software* cuya misión u objetivo principal es prevenir, detectar y tomar partida ante la aparición de *software* malicioso en los dispositivos informáticos. Es muy fácil llamar al mismo concepto de dos formas: antivirus y *antimalware,* esto es debido a que los virus informáticos son un tipo específico de *malware.*

A día de hoy podemos localizar cientos de elementos *malware* en internet, los cuales una vez que acceden a nuestros dispositivos, realizan escaneos en busca de vulnerabilidades. De la misma manera en internet podemos localizar cientos de herramientas para luchar contra el *malware*.

Las **herramientas** más populares entre los usuarios de internet son:

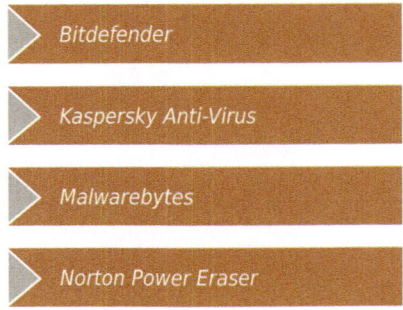

Bitdefender

Kaspersky Anti-Virus

Malwarebytes

Norton Power Eraser

 **TAREA 5**

Juan está trabajando con un equipo al cual no se le ha pasado ni un antivirus ni un *malware* y probablemente esté conectándose a redes sociales y entidades bancarias. En esta actividad trataremos de localizar si tenemos 'instalado' o 'residente' algún tipo de *malware* o virus informáticos.

Para ello, accede a algún sitio web *online* que nos ofrezca una herramienta gratuita para realizar un escaneo de *malware online*. Realiza dicho escaneo al equipo informático con el que estás trabajando.

Una vez obtenidos los resultados, ¿se ha localizado algún tipo de *malware?* En caso positivo busca información del o de los *malwares* encontrados por dicha herramienta.

 **APLICACIÓN PRÁCTICA**

Juan es dueño de un servidor personal en el que tiene alojado su desarrollo o comercio *online* sobre zapatos de hombre; en su desarrollo trabaja con datos bancarios y datos sensibles de usuarios. Ayer, Juan

Continúa en página siguiente >>

<< Viene de página anterior

notó que su equipo servidor, estando desconectado de internet por motivos de actualización, funcionaba muy lento. ¿Qué le aconsejarías?

Solución

Da igual el orden en que se haga, pero lo ideal es que Juan pase un *software* antivirus y después un *antimalware* o al revés, seguramente descubra que tiene mucho *software* que está haciendo que el equipo vaya muy lento porque este *software* está buscando dar salida a su información hacia internet cuando el equipo está sin conexión.

---

6. Resumen

Recuerda las **medidas de protección** que podemos adoptar:

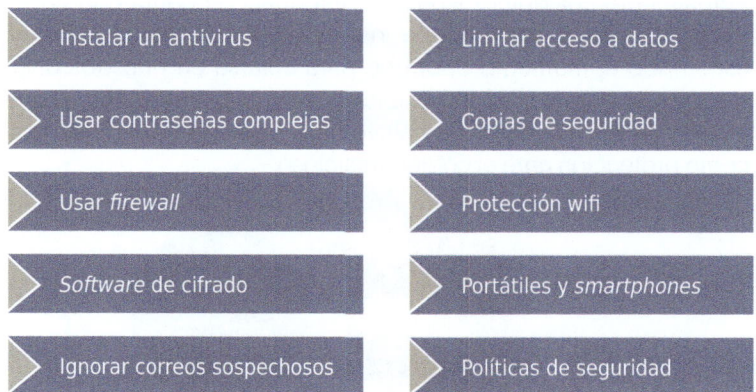

Instalar un antivirus

Limitar acceso a datos

Usar contraseñas complejas

Copias de seguridad

Usar *firewall*

Protección wifi

Software de cifrado

Portátiles y *smartphones*

Ignorar correos sospechosos

Políticas de seguridad

Además, los **permisos** que podemos establecer sobre los usuarios del sistema operativo son:

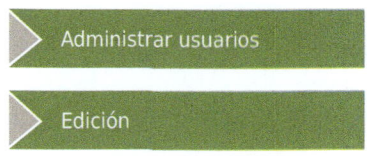

Administrar usuarios

Edición

Continúa en página siguiente >>

<< Viene de página anterior

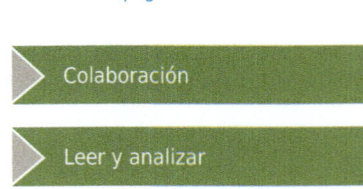

Cuando trabajamos en red, debemos ser conscientes de la información que compartimos en la red con el resto de usuarios o dispositivos informáticos conectados a ella.

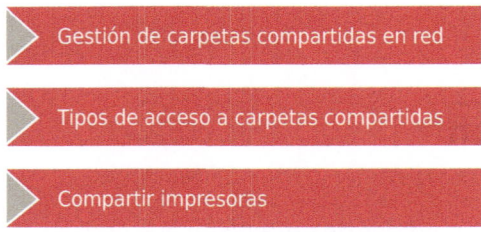

Actualmente cualquier dispositivo informático cuenta con conexión a internet, y si consideramos que internet está saturado de virus y *malware* esperando el momento oportuno para colarse en nuestros dispositivos y realizarnos el mayor daño posible, lo más recomendable de todo es tener instaladas en nuestros dispositivos las siguientes herramientas *software* como protección ante el código malicioso:

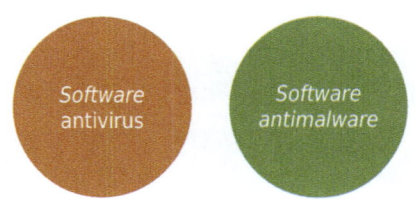

Ejercicios de autoevaluación
Unidad de Aprendizaje 5

1. Indica cuál de las siguientes no es una medida de protección:

   a. *Spam*
   b. Copias de seguridad
   c. Protección wifi
   d. Limitar acceso a datos

2. Indica cuál de las siguientes no es una medida de protección:

   a. Portátiles y *smartphones*
   b. Políticas de seguridad
   c. *Firewall*
   d. *Phishing*

3. Determina si la siguiente oración es verdadera o falsa: "Un control de acceso se usa para impedir el acceso no autorizado al sistema operativo por parte de terceros a los que no les corresponde su uso".

   ■ Verdadero
   ■ Falso

4. Indica cuál de las siguientes opciones no se corresponde con control de acceso:

   a. Restricciones horarias de conexión cuando no sea necesario.
   b. Programar un *software* antivirus y *antimalware*.
   c. Registro de privilegios especiales del sistema.
   d. Registro de los intentos de autentificación correctos y fallidos en el sistema.

5. Indica cuál de los siguientes no es un permiso:

   a. Leer y analizar
   b. Colaboración
   c. Modificación
   d. Edición

6. Determina si la siguiente oración es verdadera o falsa: "La autentificación es el proceso mediante el cual se confirma que algo o alguien es quien dice ser".

   ■ Verdadero
   ■ Falso

7. Indica cuál de los siguientes no se corresponde con un tipo de acceso:

   a. Control total
   b. Cambiar
   c. Modificar
   d. Leer

8. Indica la opción incorrecta:

   a. Para compartir una impresora no necesitamos el driver correspondiente.
   b. Accedemos a la carpeta impresoras para compartir una impresora.
   c. Es necesario localizar la pestaña de "Compartir".
   d. Es necesario seleccionar "Compartir esta impresora".

9. Indica cuál de los siguientes elementos no nos protege frente a código malicioso.

   a. Antivirus
   b. *Antimalware*
   c. *Firewall*
   d. Antivirus *online*

10. El antivirus es...

   a. ... parte del sistema operativo.
   b. ... parte del *hardware del ordenador*.
   c. ... *software* específico.
   d. ... un *firmware*.

Glosario

Activo de la información
La ISO 27001 lo define como: conocimientos o datos que tienen valor para una organización así como los sistemas de información que engloban a las aplicaciones y servicios.

Adware
Su objetivo primordial es el enseñar publicidad, no lleva intención maligna pero en algunos casos puede considerarse un tipo de *spyware*.

Amenazas persistentes avanzadas
Conjunto de procesos informáticos silenciosos y que continuamente están funcionando cuyo fin es romper la seguridad informática de una determinada entidad.

Antimalware
Software diseñado para prevenir, detectar y eliminar software malicioso (*malware*) en los dispositivos informáticos. Incluye herramientas como *Malwarebytes*, *Bitdefender*, *Norton Power Eraser* y *Kaspersky Anti-Virus*.

Autentificación
Se trata de un proceso mediante el cual se nos garantiza que realmente estamos comunicándonos con quien dice ser la otra parte y no con terceros de desconfianza.

Carders
Son aquellos que se dedican al sabotaje de las tarjetas de todo tipo, de crédito, de débito, de identificación... para obtener los datos y poder suplantar la identidad del dueño de la tarjeta.

Ciberseguridad
Conjunto de herramientas, de políticas de seguridad, directrices, métodos para la gestión de riesgos, acciones, formación y tecnologías que se usan

fundamentalmente para proteger la información o datos de los equipos informáticos.

Ciberterrorista

Son considerados expertos informáticos que llevan a cabo intrusiones en las redes que trabajan para países u organizaciones, y cuyo fin es el espionaje y el sabotaje.

Confidencialidad

Solo los usuarios autorizados pueden acceder a la información de nuestro recurso informático, datos e información.

Crackers

Son idénticos a los *hackers,* pero en este caso el fin de romper la seguridad de un sistema informático es con intención maliciosa respecto del mismo (bien dañarlo o bien obtener un fin económico del equipo al que atacan).

DDoS

Consiste en realizar cientos de miles de peticiones a un determinado servidor con el fin de que este llegue a bloquearse o saturarse.

Disponibilidad

Los datos siempre deben estar disponibles para un usuario cuando este los requiera (otra cosa bien distinta es que tenga acceso o no a dichos datos).

Firewall

Sistema de seguridad que monitorea y controla el tráfico de red entrante y saliente basado en reglas de seguridad predefinidas. Se utiliza para proteger las redes de accesos no autorizados.

Gusanos

Son programas que una vez que infectan nuestros equipos se hacen copias de sí mismos y se difunden por la red.

Hackers

Son considerados grandes expertos informáticos, los cuales llegan a descubrir vulnerabilidades en los sistemas informáticos, pero su fin no es obtener beneficio económico ni hacer el mal, es más la curiosidad informática lo que los lleva a este tipo de actuaciones.

Integridad

Solo los usuarios autorizados tienen acceso a la modificación de datos cuando les sea necesario.

Lammers
Son gente joven que no dispone de grandes conocimientos informáticos, aunque se deberá tener cuidado con ellos.

Landing page
Página web a la que llega un determinado usuario de internet tras pulsar un botón de enlace situado en algún *banner* u otro tipo de publicidad distribuida por la red.

Newbie
Se considera con este nombre a los *hackers* que están aprendiendo.

Phreakers
Son saboteadores de las redes telefónicas y su fin es sabotearlas para obtener llamadas gratuitas y poder capturar otras conservaciones del resto de usuarios.

Phishing
No es un programa, sino un tipo de ataque que usa mecanismos de suplantación de identidad para obtener datos de las víctimas, como las contraseñas o datos bancarios. Suele estar muy unido al uso de correo electrónico.

Programadores de virus
Son considerados expertos programadores, de redes y de sistemas, cuyo fin es crear *software* dañino que produce los efectos no deseados sobre los sistemas informáticos o aplicaciones que se instalan en los mismos.

Ransomware
Es un *malware* que tiene por fin el secuestro de los datos de un equipo mediante una encriptación de los mismos para después pedir un desembolso económico por los datos robados.

Seguridad de *software*
Es aquella cuya misión es proteger cualquier *software* que haya instalado en un equipo de posibles amenazas.

Seguridad de *hardware*
La seguridad de *hardware* es cuando tomamos una serie de medidas o normas con el fin de proteger los elementos físicos que componen a un dispositivo informático de posibles daños en ellos.

Seguridad de red
Son los mecanismos necesarios para la protección de la red, bien doméstica o de una empresa, de cualquier tipo de ataque o amenaza.

Seguridad informática
Conjunto de mecanismos de prevención y detección de los usos y accesos no autorizados de uno o varios sistemas informáticos cualquiera, sin importar si se conectan a la red de redes o no.

Seguridad activa
Previene o evita los daños a los equipos informáticos (tanto de la parte de *hardware* como de la parte de *software)*. El antivirus, el control de acceso a un servidor, encriptar información, los sistemas de redundancia *hardware*... son claros ejemplos de procesos que pertenecen a la seguridad activa.

Seguridad física
Protege los datos de los sistemas informáticos ante posibles desastres naturales (incendios, terremotos, inundaciones...), así como de las posibles amenazas de robo de datos, problemas eléctricos generados...

Seguridad lógica
La seguridad lógica tiene por misión proteger al *software* que se encuentra instalado en los equipos informáticos usando para ello antivirus, encriptaciones, así como mecanismos de protección y privacidad.

Seguridad pasiva
Entra en funcionamiento cuando las medidas que se han tomado en la seguridad activa no han surtido el efecto esperado. Por ejemplo, realizar una copia de seguridad es un proceso de seguridad activa, pero si sufrimos la pérdida de esa información y la restauramos de la copia de seguridad, es un proceso de la seguridad pasiva (lo ideal es no tener que restaurar los datos, pero si por ejemplo se rompe el disco duro del equipo no tenemos otro medio posible).

Software dañino o maligno
También conocido bajo el término de *malware,* es un tipo de *software* cuyo objetivo principal es entrar en un determinado equipo informático para causar un cierto tipo de daños sin el consentimiento del propietario o dueño del equipo informático.

Sniffers
Son considerados expertos en redes cuyo fin es el análisis del tráfico de la red para obtener la información que viaja por ella y poder así capturar los paquetes.

Spyware

Programas espía cuya finalidad es la obtención de información o datos. Suelen ser bastante silenciosos y pasar totalmente inadvertidos para nosotros.

Troyanos

Es muy parecido al virus pero la finalidad de un troyano es la de abrir una puerta trasera para permitir el acceso de otros por tal puerta.

Virus

Son códigos informáticos que dañan e infectan los archivos que se encuentran en el equipo.

Bibliografía

Textos electrónicos, bases de datos y programas informáticos

→ *10 Medidas de seguridad informática para empresas*, de: <https://www.factoriabiz.com/10-medidas-de-seguridad-informatica-para-empresas/>.

> Página web en la que el autor/a trata qué tipos de medidas de seguridad puede llevar a cabo una empresa y el porqué son importantes.

→ Blog sobre seguridad informática, de: <https://infosegur.wordpress.com/unidad-1/amenazas-y-frau-des-en-los-sistemas-de-la-informacion/>.

> Blog en el que su autor nos expone los principales problemas relacionados con la seguridad informática.

→ Blog Objetivos de la seguridad informática, de: <https://infosegur.wordpress.com/tag/confidencialidad/>.

> Blog en el que se tratan los Objetivos de la seguridad informática.

→ CEAC Planeta Formación y Universidades, de: <https://www.ceac.es/blog/tipos-de-seguridad-informatica>.

> Web en la que se tratan los tipos de seguridad informática.

→ *Cómo compartir archivos y carpetas en una red local con Windows, de:* <https://www.softzone.es/2017/03/01/compartir-carpetas-red-local-windows/>.

> Página web en la cual se nos explica cómo compartir archivos y carpetas en una red que está gestionada por un sistema operativo Windows.

→ *¿Es lo mismo antimalware y protección antivirus?*, de: <https://es.malwarebytes.com/antivirus/>.

> Página web en la que el autor/a explica los conceptos de antivirus y antimalware y analiza el estado actual de los virus informáticos.

→ *Guía sobre wifi, de:* <https://www.welivesecurity.com/wp-content/uploads/2014/01/documento_guia_de_wifi.pdf>.

> PDF desarrollado por we live security que contiene una guía para la seguridad wifi.

→ *La ingeniería social: el ataque informático más peligroso.* [En línea]. [Consulta: 18-06-2018]. Disponible en: <http://www.enter.co/guias/lleva-tu-negocio-a-internet/ingenieria-social/>.

> Página web en la que se explica el concepto de ingeniería social y cómo puede ser usada para llevar a cabo ataques informáticos.

→ *Medidas de seguridad informática que deben tener las empresas,* de: <http://www.aratecnia.es/medidas-de-seguridad-informatica/>.

> Página web en la cual se explican las principales medidas que las empresas deben adoptar sobre la seguridad informática.

→ *¿Qué es la Autenticación Multifactor o de 2 Factores?,* de: <https://www.mobbeel.com/blog/que-es-la-autenticacion-multifactor-o-de-2-factores/>.

> Página web en la que el autor/a explica los conceptos de Autenticación Multifactor (MFA) y Autenticación de Dos Factores, y mejores prácticas de implantación.

→ *¿Qué es un ataque de día cero?: definición y explicación,* de: <https://latam.kaspersky.com/resource-center/definitions/zero-day-exploit>.

> Página web en la que el autor/a explica el concepto de "día cero" en seguridad informática, sus principales ataques, blancos y vulnerabilidades.

→ *¿Qué es un módulo de seguridad hardware (HSM)?,* de: <https://www.entrust.com/es/resources/learn/what-are-hardware-security-modules>.

> Página web en la que el autor/a explica el concepto de HSM y por qué se deberían utilizar.

→ *¿Qué es una arquitectura Zero Trust (confianza cero)?,* de: <https://www.paloaltonetworks.es/cyberpedia/what-is-a-zero-trust-architecture>.

> Página web en la que el autor/a explica qué es la arquitectura *Zero Trust* y su implementación en la empresa.Universidad Internacional de Valencia. [En línea]. [Consulta: 18-06-2018]. Disponible en: <https://www.universidadviu.es/la-seguridad-informatica-puede-ayudarme/>.

> Página web que trata qué es la seguridad informática y cómo puede ayudarme.

→ Universidad Internacional de Valencia., de: <https://www.universidadviu.es/la-seguridad-informaticapuede-ayudarme/>.

> Página web que trata qué es la seguridad informática y cómo puede ayudarme.

→ Universidad Internacional de Valencia, de: <https://www.universidadviu.es/tres-tipos-seguridad-informa-tica-debes-conocer/>.

> Página web de la Universidad Internacional de Valencia en la que se exponen los tres tipos de seguridad informática que debemos conocer.